내 청춘 모드는 아직 지속 중

예술과 인문학 산책

글·사진 강명성

도서출판 거북골

프롤로그

내 청춘 모드는 아직 지속 중이다. 경험해 보지 않은 경계 너머의 낯선 삶을 흠모한다. 어떤 이는 낯섦에 막연한 두려움을 갖기도 하지만 내가 모르는 새로운 풍경이 존재하는 곳으로 시선이 곧잘 꽂힌다. 나는,

다른 별자리 아래에 있는 머나먼 유럽을 돌며 전시장과 박물관에서 세계 거장들의 숨결을 느끼며 나의 감성 선을 가꾸었다. 그로 통해 배우고 감탄하며 낯선 문화에 친근한 심장을 자연스레 품게 되었다. 의도적으로 일상을 쪼개어 특별한 날을 만든다. 낯섦 속으로 들어가 예술과 문학을 접하고 나와 다른 생각을 책에서 공감하며 자극받고 경외감을 느꼈다. 이러한 체험은 나의 거친 숨결을 걸러내는 필터 역할이 되었다.

예술과 문학은 분리된 세계를 살고 있는 것이 아니라 공통의 세계를 구성한다. 나의 인생 밀도를 높이는 방식이 예술과 인문학이라는 화두에 가슴 뛰었다. 보고, 읽고 느낀 메타포를 부여하고 싶어 블로그에 기록을 해 왔다. 블로그에 나의 취향을 반영한 경험담이 쌓여갔다. 문득 인터넷에서 제공해 주는 블로그(공간)가 개인 기록을 언제까지 보관해 줄지 모른다는 생각에 노트북으로 옮겨 저장하게 되었다.

출판의 낯선 시도로 뒤죽박죽된 글을 주파수에 맞춘다. 얼마나 공감할 수 있는 메신저가 될지는 모르지만, 시간을 허투루 보내지 않았다는 데 의의를 둔다. 내가 하고 싶은 것을 한다는 건 즐거운 것이니까. 낯섦을 동경하는 사람은 두려움에 헐렁하다. 그래서 행복한 몽상의 방향으로 베개를 돌려놓고 일상에서 가장 세련되게 도망치는 법, 그것은 나의 청춘 모드를 탐닉하는 것이다.

2023. 여름날 *행복한 몽상가*

CONTENTS

PART 1

체코 프로이트 생가 • 10
프란츠 카프카박물관 • 14
　: 프라하에서 여전히 떠나보내지 않았다.
폴란드 아우슈비츠 강제수용소 • 17
대마도 덕혜옹주 봉축 기념비 • 20
단테와 피렌체 • 23
카사노바와 베네치아 • 25

PART 2

추사 김정희 유배지 • 30
　: 쓰라린 인고의 세월 속에 탄생한 세한도
이중섭 미술관 • 33
　: 지금도 살아 있는 바다 위에 그린 그림
김환기 화백 고택 • 37
다산 초당 4대 비경 • 40
　: 정약용의 발자취를 만나러 가다.
김영갑 갤러리의 숨결 • 44
　: 제주 오름에 미치다.
텐진 흥선대원군 압송지 • 47
우장춘 박사의 발자취 • 49
　: 씨 없는 수박 누가 발명 했는가?

신년 음악회 빈 필하모닉 1 • 54
『오페라의 유령』 뮤지컬 • 56
신년 음악회 빈 필하모닉 2 • 59
F1963, 복합문화공간 YES 24 • 61
흰여울 문화마을 • 64
  : 이탈리아, 친퀘테레의 마나룰라를 닮아간다.
명례 성당 • 67
  : 병인박해 희생된 신석복 순례자를 돌아보다.
해양 드라마 세트장 • 71
  : 문화적 가치가 충분하다.

에바 알머슨 화가 • 76
  : 행복을 그리는 마음의 돋보기
문신 조각 작가 100주년 • 79
합스부르크 600년 전시회 • 83
  : 자칭 마니아라 한다.
외규장 의궤 전시회 • 89
  : 백문이 불여일견
무라카미 다카시 전시회 • 91
  : 무라카미 좀비
이건희 컬렉션 특별전 • 93
  : 위대한 여정

루브르 박물관 • 96
 : 대작이 펼쳐지는 파리의 심장
르네상스적 레오나르도 다빈치 노트 • 99
 : 융합 천재
벨베데레 궁전 상궁 • 102
 : 시공간을 넘나드는 예술
『인생은 아름다워』 영화 • 106
 : 유태인의 비애

『동물농장』 조지 오웰 • 109
 : 정치 풍자의 알레고리
『러빙 빈센트』 영화 • 111
 : 빈센트 반 고흐는 자살인가? 타살인가?
『빨강 머리 앤』 영화 • 113
 : 마음에 불꽃을 품은 여자아이 앤
세계 최초 여성 여행가 • 116
 : 이사벨라 버드 비숍 지리학자
아키요시다이 • 119
 : 카르스트 대지에 숨 쉬는 지구와 생명
두바이 올드 수크(전통시장)과 전통 배(아브라) • 122

프랑스 에트르타와 옹플뢰르 • 126
 : 인상파 화가들과 문학인들의 영감을 받다.
『빈센트 반 고흐』 1~3 • 129
 : 영혼의 편지
   생전 작품 한 점 판 적이 없다고?
   존재를 알린 제수씨(반 고흐 동생 테오의 부인)

『빈센트 반 고흐』 4 • 138
 : 사이프러스를 통해 작품을 엿보다.
수선화 • 140
 : 정호승의 수선화에게
양귀비꽃 • 142
 : 클로드 모네의 『초여름 양귀비의 들판』
찰나의 시간 카이로스와 정의의 여신 유스티티아 • 144

PART 7

『마리 앙투아네트 베르사유의 장미』
슈테판 츠바이크 Ⅰ • 148
 : 역사적인 메커니즘을 알아 가다.
  사기 목걸이 사건 1.2.3
  바스티유 광장 혁명, 의연하게 나타난 인물
  마리 앙투아네트의 연인 페르센
  마리 앙투아네트와 페르센 운명적인 사랑, 과연 그는 어떤 사람인가?

『마리 앙투아네트 베르사유의 장미』
슈테판 츠바이크 Ⅱ • 169
 : 마리 앙투아네트와 페르센 운명은 끝나다.
  마리 앙투아네트 형장으로 끌려가는 모습 스케치

PART 8

『미술과 문학에 나타난 그로테스크』
볼프강 카이저 • 176
『오페라의 유령』• 180
 : 가스통 르로의 장편소설
『레 미제라블』빅토르 위고 • 184
 : 완독의 기쁨
『너의 초록으로 다시』나태주 • 189
 : 초록 선물 배달
『내가 틀릴 수도 있습니다』비욘 나티코
린데블라드 • 192
 : 여름휴가 독서 모드로 켜다.
『책만은 '책'보다 '책(冊)'으로 쓰고 싶다』박진숙 • 195
 : 이태준 작가, 빚어낸 문학의 세계
『그 섬에 내가 있었다』김영갑 • 197
 : 제주 오름의 숨결
『나, 참 쓸모 있는 인간』김연숙 • 200
 :『토지』독자와 공유하다.
『히페리온』횔덜린 • 202
 : 짜라투스트라의 효시라?

PART 9

장연홍, 차라리 죽음을 택하겠다. • 206
　: 조선 3대 미인
황진이, '동짓날 기나긴 밤' 님을 그리다. • 208
　: 조선 3대 미인
어을우동(어우동) 사건 • 211
　: 조선 성종 때 유교적 억압의 신호탄이 되다. 조선 3대 미인

PART 10

『태백산맥』문학관 • 216
　: 태백산백 아픈 역사를 품다.
현부자네와 소화의 집 그리고 김범우의 집 • 219
홍교다리와 벌교성당 발견하다. • 222
금융조합과 카페의 센스 • 225
보성여관의 특색 • 228
『우아한 승부사』조윤제 • 230
　: 품위 있게 할 말 다하는 사람들의 비밀
『책인 시공』정수복 • 232
　: 책 읽는 할머니와 손녀는 시공간이 닮았다.
『어제의 세계』슈테판 츠바이크 • 234
　: 문학적인 센세이션
『책』얼마나 완독하는가? • 238
『토지』박경리 • 240
　: 내겐 인생 책이 있다.

PART 1

체코 프로이트 생가
프란츠 카프카박물관
: 프라하에서 여전히 떠나보내지 않았다.
폴란드 아우슈비츠 강제수용소
대마도 덕혜옹주 봉축 기념비
단테와 피렌체
카사노바와 베네치아

체코 프로이트 생가

체코는 나에겐 낭만의 이미지 그 이상이다. 긴 시간 비행기 안에서 지쳐 갈 무렵 스메타나의 나의 조국이 흘러나오면 프라하 공항에 도착할 즈음이다. 체코 하면 프라하가 먼저 떠오르고, 보헤미안의 자유와 집시의 방랑 그리고 빨간 지붕의 동화 같은 마을을 연상할 것이다. 프로이트도 빨간 지붕 아래에서 태어났다. 보통 오스트리아 빈에 있는 프로이트 생가(박물관)로 알려져 있다. 거의 일생을 그곳에서 보냈고 출생이 오스트리아로 되어 있으니 그럴 만하다. 프로이트가 태어난 곳은 체코 모라비아 실레시안 (Moravian-Silesian) 지역에 있는 작은 마을이다.

찰나의 환희

프라하에서 실레시안까지 거리는 기차로 다섯 시간 소요되고 빈에서 네 시간 거리에 있다. 체코 남부 지역에 꾸미지 않은 자연의 숨결이 서린 작은 마을 속 결코 무겁지 않고 가볍지도 않은 프로이트의 생가가 있다. 오스트리아 국경선에 위치한 이 마을은 초원이 하늘과 맞닿아 평온한 기운이 흐른다. 또 체코는 날씨 변화가 심한 편이라 맑았던 하늘에서 갑자기 소나기가 쏟아졌다 금방 멎었다 한다. 운이 좋은 날에는 초원으로 걸쳐진 환희의 무지개를 발견할 수 있다.

프로이트가 다섯 살 때 경제적인 이유로 일가는 오스트리아 빈으로 떠났다. 그는 방학 때 종종 생가에 다니러 왔다. 마을을 접어들어 생가를 찾아가는 길은 눈을 크게 뜨지 않으면 스쳐 지나갈 정도로 어느 작은 건물 벽에 화살표가 흐릿하게 붙어 있다. 화살표만 봐도 방문객이 뜸하다는 걸 짐작할 수 있다. 생가 건물은 정갈하고 수수하다. 마당에

는 특이하게 동상이 와상이다. 기발한 발상에 의아한 표정으로 안내 데스크로 들어갔다. 그곳은 다른 별자리 아래, 머나먼 지구 반대편에서 온 오직 우리뿐. 낯선 이방인이지만 마치 잘 아는 사람 집을 방문한 듯 마음이 평온해진다. 직원은 선한 이미지로 안내 데스크에서 우리를 맞이했다. 이어폰을 챙기

체코 실레시안 프로이트 생가

고 계단을 통해 올라가니 좁은 복도는 적막하리만큼 고요하다.

오디오 가이드로 설명을 듣지만 내 귀는 밀랍 인형이었다. 차라리 영상으로 내가 아는 한도에서 프로이트의 업적을 짐작하며 관람했다. 실내 나무 의자가 인상적이다. "Remember to say yourself every morning, Life is beautiful." (매일 아침 스스로에게 말하는 것을 기억하라. 인생은 아름다워.) 의자마다 어록이 하나씩 체코어와 영어로 쓰인 태그가 달려있다. 프로이트는 인간의 영혼에 관한 지식을 뛰어나게 심화 시켰다. 저 위대하고 엄밀한 정신의 소유자인 그를 이렇게 접하고 있으니 감격스러웠다.

프로이트 생가 이층 복도

실내 의자마다 어록이 붙어 있다.

PART 1 _ 11

실내에서 창 너머 바라본 풍경

나무 의자에 앉아 내가 있는 '공간' 그것은 바로 나라고 읊으며 창문 밖 마을 정경과 하늘빛은 내 나라 한국의 하늘과 달리 이채롭게 눈을 맞춘다. 사람들은 예술과 낭만의 도시 빈에서 멜랑슈(비엔나커피)를 즐기며 프로이트의 박물관을 더 찾을 것이다. 그러나 화려하고 번잡한 도시보다 소박하게 정돈된 실레시안 생가가 더 은근하다.

프로이트도 나치의 횡포를 피해 갈 수 없었던 피해자였다. 독일 나치 정권에서 유태인 출국 금지령이 내려지기 직전 1930년 유태인 대탈출이 시작되었다. 그때 제자들에 의해 탈출을 권고받았다. 특별히 남미의 아르헨티나에서 프로이트를 초대하면서 그에게 아르헨티나로 이민을 권고했다. 그러나 프로이트는 비엔나를 섣불리 떠나지 못하고 거부를 했다. 이후 나치의 유태인 출국 금지가 내려지면서 프로이트가 빈에 갇히게 된다. 이러한 위기 상황에서 프로이트 구명 운동에 제일 먼저 뛰어 들어간 사람이 마리아 보나파르트였다.

그녀는 프로이트 제자이며 그녀의 증조할아버지가 나폴레옹 1세로 나폴레옹 보나파르트(Napoleon Bonaparte)이다. 프로이트에게 불감증으로 치료를 받았고 이후 정신분석가가 되었다. 프로이트는 히틀러의 세계와 전쟁의 공포에서 벗어났다고 공포감이 사라진 건 아니었다. 그는 런던으로 망명했을 때 이미 노년기에 들었으며 중병을 앓고 있었던지라 결국 고향 빈으로 돌아가지 못하고 영국 땅속에 묻혔다. 당시 오스트리아 출신 유태인이었던 당대를 풍미했던 작가 슈테판 츠바이크도 영국에 체류하여 프로이트와 교류를 하고 있었다. 그 무렵 츠바이크는 20세기 초현실주의 화가 살바도르 달리를 프로이트에게 소개 시켜 주

었고, 달리는 죽음의 그림자가 서려 있던 프로이트를 스케치했다. 그 스케치가 궁금해졌다.

생가 전시장 실내에 프로이트의 업적이 흘러나오는 영상과 프로이트의 밀랍

프란츠 카프카박물관
: 프라하에서 여전히 떠나보내지 않았다.

카프카의 박물관 입구 조형물

박물관 외관이 소박하다.

입구에 들어서면 웃지 못할 광경에 눈이 휘둥그레진다. 벌거벗은 두 남자 조각상이 체코 지도를 형상화한 수조 안에서 생동감 있게 소변을 갈기고 있다. 실제 주요 부위에서 물을 뿜어 낸다. 무슨 망측한 모습인가 싶어 영문을 모르는 관람객들은 연신 낄낄거리고, 어떤 이는 민망해서 못 본 척한다. 실은 그 조형물은 자본주의 체제를 꼬집는 다비드 체르니의 설치 작품이다. 건물 꼭대기에 목이 매달린 사람 조각이 걸려 있는데 그 또한 자유를 저당 잡힌 채 살아가는 현대인의 비애를 풍자한 것이다.

프란츠 카프카는 체코 출신의 『변신(變身)』 작가다. 체코 작가 『참을 수 없는 존재의 가벼움』의 밀란 쿤데라도 우리에게 가깝게 느껴지는 작가이기도 하다. 세계 문학사의 주요 지점을 차지한 이 걸출한 문학인의 흔적을 가까이한다는 것은 가슴 벌렁거리는 기쁨이었다. 박물관 내부에는 기묘한 음악과 어둑한 배경이 카프카의 내적 갈등과 닮았다. 입체적인 영상은 1800년대 프라하의 풍경으로 흑백 처리했다. 벽면에는 카프카가 사귀던 여성들의 사진과 관련된 설명들이 눈높이로 걸어놓았다. 또 그 유명한 『변신(變身)』에 나오는 바퀴벌레를 형상화해 놓았다. 공간에서 흘러나오는 독특한 음향과 어두컴컴한 분위기는 작품 속 인물의 존재 의미가 사라져 버린 것처럼 무겁다. 뜬금없이 딸이 "엄마 내가 어느 날

바퀴벌레가 되어 있다면 어떻게 할 거야?" "엥? 생각조차 끔찍한 말이지만 그럼 키워야지 뭐."

길지 않았던 그의 생애는 유대계 독일이라는 환경으로 인해 늘 고독하고 외로웠다. 그는 아마도 순간순간 인간으로서의 존엄성과 가치를 지키며 살고 있는지를 자신에게 묻고 싶었는지 모르겠다. 짧게 생을 마감한 그는 유언으로 친구인 막스 브로트에게 자신의 작품을 태워 달라고 했다. 41세(1924년) 폐결핵으로 세상을 떠났는데, 브로트는 친구와의 약속을 저버리고 작품들을 출판해 세상에 알려지게 되었다. 문득 거의 동시대 인물 같은 병으로 요절한 시인 이상과 와락 겹쳐졌다. 시인 이상(1937년)과 문학인이라는 선상에서 유달리 세상을 빨리 등지고 말았다는 안타까움에 쓸쓸해졌다.

평생을 불면증에 시달린 카프카는 자신의 글쓰기가 "꿈과 같은 내면의 삶."을 묘사하는 일이라고 서술했다. 그는 생을 통틀어 불안과 고독, 그리고 글쓰기에 집착하며 공황을 겪었다. 그의 내면을 엿볼수록 시인 이상이 오버랩 되었다.

프라하 시내에 설치한 카프카의 퍼즐 동상은 독특하다. 조각 하나하나가 움직이며 마치 살아서 표정을 나타내는 듯 생동감을 불러일으킨다. 이는 필경 카프카는 떠났지만 프라하에서 떠나 보내지 않았다는 불멸의 의미를 내포하는 건가? 카프카는 프라하 성 안에 있는 골목의 황금소로 22번지에서 집필을 했었다. 1916년 11월부터 다음 해 5월까지 열 평 남짓한 작은 집에서 창작을 했다. 당시 프라하 성에서 모티브를 얻어 『성(城)』을 완성했다. 원래 황금소로의 집들은 16세기 성에서 일하는 시종이나 집사, 보초병이 살기 위해 지었다. 연금술사들이 모여 불로장생하는 비약을 만들 궁리

체코 카프카 박물관

프라하 성 황금소로 카프카가 집필한 곳 22

를 했다고 해서 '황금소로'라는 별칭이 붙었다. 또는 금박 세공사들이 살아서 황금소로라고도 한다. 22번지 파란색 집 앞에 항상 여행객들로 문전성시를 이루고 있다. 16세기 체코 사람들은 키가 작아 문틀 높이가 나지막하다. 현재는 카프카 관련 서적과 엽서 등을 파는 예쁜 숍을 운영하고 있으며 황금소로는 맨홀도 예사롭지 않다. 카프카의 자취를 좇은 발걸음마다 문학의 기운이 흘렀다.

카프카 퍼즐 동상

폴란드 아우슈비츠 강제수용소

　이곳에 오기 전 이해의 폭을 넓히기 위해 영화 『쉰들러 리스트』와 『피아니스트』를 보았다. 그보다 더 세밀하고 유태인의 입장에서 서술한 오스트리아 작가 슈테판 츠바이크의 『어제의 세계』를 읽고 떠나면 보다 깊이 있는 관람자가 될 것이다. 폴란드에서는 오시비엥침으로 지칭한다. 그곳은 나치 독일군이 유태인과 수많은 사람들을 집단 학살했던 악명 높고 잔인한 역사의 현장이다. 그 강제수용소에서 히틀러의 목적은 유태인 말살이었다. 개별 방문객은 오후 4시 이후부터 요일에 따라 문 닫는 시간이 다르다. 인터넷으로 예약을 하고 입장료는 없었다. 폴란드인들의 모금으로 충당을 한다. 각 나라에서 온 관람자들로 북적거린다. 참으로 놀랍다. 수익 목적이 아닌 나치의 야만성을 전인류에 상기시켜 주기 위한 역사적 현장을 오롯이 보여주기 위함이다. 개별 관람자는 수용소 북 스토어에서 한국어 가이드북을 사서 관람하면 된다. 오디오 가이드가 있지만 폴란드어와 영어로 되어 있고 한국어는 아직 없다.

　유태인이라는 이유로 창문 하나 없는 암흑 열차에 짐짝처럼 실려 왔다. 밖으로 철통 자물쇠로 채워진 기차 안에서 공포와 굶주림에 휩싸여 생사를 예측할 수 없는 죽음의 수용소로 끌려왔다. 입구에서부터 긴장감이 돌았다. 수용소에 도착하면 나치에게 먼저 인간 선별을 받아야 했다. A팀과 B팀으로 정해서 A팀은 젊고 건강한 사람 B팀은 늙고 병든 노약자로 구별되어 B팀으로 선별된 사람들을 목욕탕으로 유인했다. 그들은 실오라기 하나 걸치지 않은 채 지붕에 뚫린 구멍 사이로 분사되는 가스에 몰살 당했다. 인간이 어떻게 이토록 야만스러울 수 있는지 관람 내내 나의 머릿속이 석고처럼 굳어버리는 것 같았다. A팀으로 남은 유태인은 강제 노동과 굶주림, 고문, 마루타 등 온갖 만행으로 숨결마다 공포였다. 울음조차 토해 낼 수 없는 소리 없는 절규가 귓전을 울리는 듯하다.

아우슈비츠 수용소 입구 죽음의 기찻길

　이중으로 된 철조망은 끝이 보이지 않고 수용소는 제1 수용소 제2 수용소로 나누어 전시되어 있다. 1 수용소부터 출입구로 보면 된다. 거기에는 'ARBEIT MACHT FREI'(노동이 자유롭게 하리라.)라는 글귀이다. 자세히 보면 "B" 모양이 구부러졌다. 당시 유태인들이 글자를 만들면서 반항심을 표현한 거라 한다. 수용소 전시관의 분위기는 적막하고 침울하다. 가끔 단체 관람자 속에서 듬성듬성 들려오는 가이드 목소리만 나지막하게 깔린다.

　출입문 위에 'ARBEIT MACHT FREI'(노동이 자유롭게 하리라)라는 글귀가 너무나 야만스럽게 느껴진다. 건물 밖에는 온통 철망이 그대로 쳐져 있고 경비 초소는 개미조차 빠져나가지 못할 정도로 삼엄하고 스산하게 얽혀 있다. 철망 안에는 통나무 막사 여러 채가 남아 있다. 막사 한 채는 400명이 수용되었던 숙소이다. 관람실은 유태인이 실려 올 때 입은 옷가지와 신발, 가방, 안경 등 소지품들이 각 방마다 쓰레기 더미처럼 쌓였다. 돈 되는 건 제다 몰수 당하고 허접한 것들만 을씨년스럽게 모아 놓았다. 벽에는 수용된 유태인들의 증명사진이 셀 수 없을 만큼 걸려 있다. 하나같이 공포에 질린 표정으로 줄무늬 수감복을 입은 모습들이다. 볼수록 공포감과 경악을 금치 못한다. 남루한 잠자리와 다닥다닥 붙은 공간, 당시 처참한 그 자체로 보관되어 있다. 상상을 초월하

는 개인 화장장까지 있다. 갖은 고문에 죽임을 당할 것인가 도망치다가 죽을 것인가 지옥 같은 심경으로 유태인과 죄수들은 그 어떤 선택도 할 수 없었던 절망과 공포였다. 그들 앞에는 신은 없었다. 당시 사방으로 둘러싸인 철망은 300볼트 전기가 흘렀다. 공동 화장실은 칸막이가 없다. 인간의 존엄성은 나치의 만용에 의해 처참히 유린되고 무참히 생명을 앗아갔다. 엄습하고 공포스러운 마음에 나는 자세히 볼 용기를 잃고 질겁했다. 완전히 짓눌려버렸다.

지옥길로 유태인을 실어 날았던 기차

　제1 수용소의 전시관은 더 구체적이었다. 모든 것이 죽음으로 연결된 곳이다. 그야말로 죽음보다 더 못한 삶을 생사를 걸고 탈출하다 전기가 흐르는 철조망에 감전되어 죽고 또 발각되어 총살 당하고 그들의 운명은 나치 손안에 있었다. 임상 조사실, 가스실, 생체 실험실, 교수형장, 단두대 등 더 이상 도저히 사진을 찍을 수 없었다. 셀 수 없을 정도로 유태인의 시체들을 거대한 구덩이 속에 포크레인으로 매장했다. 지구상 가장 잔인한 장소다.

　제2 수용소는 독일군이 패망할 때 모든 시설을 파괴하려고 했다. 막사 몇 채와 자체 화장터로 사용했던 흔적들이 철조망 안에 황망하게 흩어져 있다. 나치의 만행이 이토록 극악무도하고 얼마나 잔인한지 몸서리치게 절감하고 마음이 천근만근이 되었다. 나치의 만행은 역사상 가장 참혹하고 20세기 인류가 가장 부끄럽게 여기는 최악의 만행, 그 현장은 어떤 말로 표현할 수 없을 만큼 석고처럼 굳어 버렸다.

아우슈비츠 입구

대마도 덕혜옹주 봉축 기념비

　대마도는 본국보다 부산(우리나라)에서 거리가 훨씬 가깝다. 대략 50Km를 뱃길 따라 한 시간 십분 정도 타고 가면 닿는다. 이렇게 거리상 우리하고 더 가깝다 보니 관광객은 한국 사람이 주력이다. 대마도 주민들의 경제 기반을 우리나라 사람들이 기여를 한다고 보면 된다. 어찌 보면 우리나라 사람들이 줏대 없이 보일지 모른다. 그런데 대마도를 찾는 이유는 관광지답지 않게 붐비지 않고 조용하게 힐링하는 곳으로 제격이기 때문이다. 실제 여행이 우리 삶에 깊숙이 들어와 부산에서 울릉도를 거쳐 독도로 가는 것에 비해 동선이 가벼운 건 사실이니까.

덕혜옹주 결혼 봉축 기념비

　대마도 이즈하라 시내 중심부에 있는 이사리비공원 가네이시성터에 덕혜옹주의 결혼 봉축 기념비가 있다. 일제의 등쌀에 덕혜옹주는 14세 꽃다운 나이 일본 유학 길에 올랐다. 1931년 일제의 강압에 의해 대마도 백작 소 다케유키와 정략결혼했다. 가네이시성에서 초등학교를 나온 소 다케유키의 고향이기도 하지만 조선을 그리워했던 덕혜옹주는 조선과 가장 가까운 대마도를 찾았다. 결혼 봉축 기념비는 덕혜옹주가 결혼을 하고 대마도에 처음 방문을 하자, 대마도에 거주하던 조선인들에 의해 건립되었다.

　백작은 훤칠한 키에 수려한 외모를 가진 사람이었다. 또 도쿄대학을 졸업한 지식인이었으며 뛰어난 영문학자이자 시인이기도 했다. 그러한 배경은 덕혜옹주에게 아무런 도움이 되지 않았다. 덕혜옹주는 현실에

적응하지 못하고 조현병으로 1946년 남편에 의해 마츠자와 도립정신병원에 입원하게 된다. 시간이 더 흐른 1955년엔 이혼을 하게 된다. 이 이혼은 다케유키와 오빠인 영친왕이 논의 후 결정한 합의 이혼이었다고 한다. 다케유키는 다른

덕혜옹주, 권비영 장편소설

일본인 여성과 재혼했으나 덕혜옹주는 1956년 딸이 자살하겠다는 편지를 남기고 실종되자 자신의 분신과 같은 딸을 찾지 못하고 마음 둘 곳 없었다. 그녀는 고국을 그리워하다 마음의 병을 얻게 되었다. 끝내 딸을 찾지 못하고 사망 처리됐다.

 그 후 기념비는 철거되었다. 한국 관광객들이 늘어나자 2001년 11월에 복원되었다. 암흑의 역사에 묻혀 있었던 기념비는 덕혜옹주의 힘들었던 생애를 되돌아 보고 양국민의 진정한 화해와 영원히 평화를 희망한다는 의미다. 조선의 마지막 왕녀로 태어나 일제에 의해 일본 땅에서 숨죽여 살아야 했던 그녀는 37년 (1962년 1월) 만에 고국 땅을 밟았다. 덕혜옹주는 정신분열증을 끝내 이기지 못하고 불운한 삶을 살다 1989년 (76세) 낙선재에서 생을 마감했다.

 덕혜옹주 결혼 봉축비 앞에 서자 그의 생애가 아릿했다. 고귀한 신분으로 태어났지만 역사에 휘말려 서럽고 척박했던 삶의 한(恨)이 켜켜이 쌓여 병이 되었던 것이다. 조선의 마지막 옹주를 모티브로 한 책과 영화가 제작 되었다. 영화는 흥행에 비중을 둬서 가설이 심해 개연성이 떨어졌다. 나의 견해로 그렇다. 책은 저자가 사실에 입각해서 집필한 거라 흥미보다 우리의 기억 속에서 지워졌던 덕혜옹주의 비극적 삶을 제대로 알리는데 기여했다.

민족적 아픔이다. 일본 백작과의 결혼이 축하할 일도 아니고 또 부부의 연이 끊어졌는데 결혼을 봉축하는 비에 납득이 가지 않았다. 하지만 봉축비에 새겨진 뜻을 꼼꼼히 읽어보면서 잊을 수 없는 민족의 슬픈 역사를 기억해야 할 의무감 같은 것이 생겼다. 덕혜옹주는 고국으로 귀환하는 것도 순탄하지 않았다. 불현듯 이승만에게 분노가 일어났다. (이승만의 정치적 입지에 부정적 영향을 우려하여 귀국이 거부됨)

단테와 피렌체

『신곡』을 읽기로 마음먹었는데 두 번이나 도중에 덮었다. 아직 완독 못했다. 아니 내겐 버거워 포기했지만 풀지 못하는 숙제로 남아 있는 거 같아 마음이 석연치 않다.

피렌체는 도오모와 메디치 가문이 먼저 떠오르겠지만, 단테의 생가가 있었다. 현재 생가는 그가 살았을 것으로 추정하는 곳에 피렌체시에서 건물을 사들여 박물관을 운영하고 있다. 박물관 입구 벽에 단테의 흉상이 입체적으로 붙어 있다. 단테의 얼굴을 모르면 인식을

피렌체의 필라초 베키오

하지 못하고 스쳐 갈 수도 있다. 입구 양쪽으로 미켈란젤로의 작품 다비드상과 헤라클레스의 카쿠스상이 더 부각되어 있기 때문이다. 이 작품들은 모조품이다.

피렌체의 필리초 베키오 벽에 조그마한 단테의 흉상

『신곡』 원래 제목은 '라 코메디아'다. 이탈리아어로 희극이라는 뜻으로 그리스 디오니소스 축제 때 처음 시대를 풍자를 했던 장르이다. 『신곡』을 안 읽었다고 피렌체에서 단테를 외면할 수 없다. 단테의 스승인 브루네토 라티니가 그의 저서 『신곡』 구성에 영향을 주었다. 중세 시대는 오직 신(神)만이 사랑했다. 단테는 인간의 숭고한 사랑을 표현했다.

피렌체 거리 단테 조각상

그러기 때문에 단테의 『신곡』은 중세와 르네상스 근대를 나누는 중요한 기점이 된다고 한다.

피렌체 거리에는 이탈리아의 예술가, 철학가, 사상가들의 조각이 나열되어 있다. 관심 가는 인물을 찾아보면서 시대와 문화를 상기시켜보면 거리 전시품으로 매우 의미심장하다.

단테는 살아생전 피렌체의 정치가로 유명했다. 그러던 중 로마는 1300년 대희년(Jubilee)을 선포했다. 단테는 정치적 격변으로 피렌체에서 추방령을 받게 되고 다시는 피렌체로 돌아가지 못하게 된다. 그 후부터 단테는 지옥과 같은 삶을 살게 된다. 가족과 고향을 떠나서 유럽에 여러 나라를 순례하면서 때로는 음식을 얻어먹기도 하고 때로는

산타크로체. 성당 단테 가묘로 안치. 『신곡』 지옥편에 쓰여 있는 "가장 위대한 시인을 찬양하라. 우리를 떠났던 그의 정신이 귀환하시도다"라는 비문에 새겨져 있다.

사람들 앞에서 잘 보이기 위해 시를 읊어 주며 지옥 같은 삶을 살게 된다. 결국 라벤나(Ravenna)로 가게 가서 유랑한다. 당시의 심정을 이렇게 표현했다.

'나는 순례자처럼, 아니 거지처럼 떠돌았다.'

라벤나는 로마시대 격투사 훈련지로 매우 열악한 환경이었다. 그곳이 단테의 여정에 마지막 기착지였다. 또한 그의 묘가 이곳에 있다. 피렌체 산타크로체 성당에 가묘를 안치하고 피렌체 사람들은 아직도 유골을 기다리고 있다. 『신곡』을 읽지 못했지만 피렌체에 내가 서 있다는 사실에 가슴으로 단테에게 가는 길이 조금 밝아졌다.

카사노바와 베네치아

건물 사이 운하로 곤돌라가 떠다니는 낭만적인 베네치아에 웬 카사노바? 나에겐 『베니스의 상인』 책을 통해 알게 된 곳이다. 많은 예술인들의 기착지로 알려져 예술과 영화, 중세의 건물로 세계적인 물의 도시 이곳은 카사노바의 고향이기도 하다. 베네치아는 오랫동안 예술인들에게 영감의 원천이었고, 인쇄와 출판 기술의 최전선에 있었다. 카사노바를 일반적으로 천하 바람둥이의 전형적인 인물로 알고 있다. 그는 이탈리아 출신으로 17세의 나이로 법학박사 학위를 받고 성직자 신분으로 여성에 얽힌 불경스러운 일을 서슴없이 행했다. 카사노바 자신의 회고록에 의하면 122명의 여자들을 안았다고 한다. 베네치아에서 카사노바를 탐탁지 않게 여긴 귀족층이 "이성을 유혹하는 야단 마법을 사용하는 마법사"라는 죄목으로 그를 체포해서 5년형을 선고했다. 1년간 두칼레 궁전에 있는 피옴비 감옥에서 수감생활을 했다. 이때 그는 탈옥을 결심하고 탈출구를 만들어 1756년 탈옥을 성공했다. 당시 센세이션감이었다고 하지만 21세기 지금도 그를 생각하면 희대의 인물이다.

피옴비 감옥을 건너는 다리를 『탄식을 다리』라 지칭한다. 두칼레 궁전의 재판소와 피옴비 감옥을 잇는 아치형 다리다. 판결을 받고 감옥으로 끌려가는 죄인이 창 밖을 바라보며 탄식을 했다고 붙여진 이름이다.

탄식의 다리 왼쪽이 재판소 오른쪽은 피옴비 감옥

고딕 건축으로 비잔틴 제국과 오스만제국의 영향을 받은 반곡선의 아치 다리를 카사노바는 탄식을 하며 끝내 탈옥까지 했다. 나는 이토록

곤돌라를 탄 풍경

숨 막히는 경관에 감탄으로 전율하며 며칠이라도 머물고 싶어졌다. 다리와 다리로 연결된 베네치아는 물 위에 건물들이 땅 대신 물살을 가리며 황홀한 시간을 제공해 준다. 곤돌라를 탄 풍경은 절묘한 조화를 이룬다. 마치 영화 같은 풍경이다. 내가 곤돌라를 타면 영화 속 주인공이 되고, 찍고 찍히는 곤돌라를 탄 풍경은 베네치아의 백미다.

카사노바의 정확한 직업이 무엇이었는지 쉽게 설명할 수 없다. 그가 남긴 자서전은 수많은 여성과의 '연애담'과 당대 유럽 문화와 풍속도를 박진감 넘치는 문체로 담았다. 이탈리아 출신이면서 프랑스어로 책을 썼다. 프랑스 문학 전공자에게 호평을 받고 있다는 사실에 새로운 시각이 생겼다. 그래도 천하의 난봉꾼 쾌락주의 이미지를 벗어 날 수 없는 인물이다. 그럼에도 카사노바를 알면 알수록 흥미진진하다. 그는 대학 시절 라틴어, 그리스어, 프랑스어, 히브리어, 스페인어, 영어, 고전문학, 신학, 법학, 자연과학 등 폭넓은 지식인이었다. 정확하게 모르지만 춤, 펜싱, 승마, 카드 게임 같은 사교술까지 능수능란했다. 이처럼 다양한 분야에서 쌓은 교양이 훗날 인류 역사상 최고의 바람둥이가 되는 기반이 되었다.

알 수 없는 것이 인생이라 하지만 희대의 시나리오에 이렇게까지 휘말렸다는 말인가? 괴테는 베네치아에 머물며 불멸의 작품을 구상했고, 카사노바는 산 마르코 광장에서 바지 주머니에 손을 찔러 넣고 얼마나 누볐을까? 플로리안 카페에서는 또 어떤 로맨틱한 구상을 짜내며 얼마나 속을 채색했을까?

산마르코 광장 대성당과 광장

PART 2

추사 김정희 유배지
: 쓰라린 인고의 세월 속에 탄생한 세한도

이중섭 미술관
: 지금도 살아 있는 바다 위에 그린 그림

김환기 화백 고택

다산 초당 4대 비경
: 정약용의 발자취를 만나러 가다.

김영갑 갤러리의 숨결
: 제주 오름에 미치다.

텐진 흥선대원군 압송지

우장춘 박사의 발자취
: 씨 없는 수박 누가 발명 했는가?

추사 김정희 유배지
: 쓰라린 인고의 세월 속에 탄생한 세한도

추사 김정희 선생은 권문세가의 귀족 집안에서 태어나 뛰어난 학문과 요직을 거치며 승승장구했다. 시대를 불문하고 정치의 세계는 합리적인 이성을 배제하여 서로 힐난하고 치열한 공세를 한다. 김정희도 정치 반대파들의 탄핵을 겪으며 유배길을 올랐다. 당시 나이 54살이면 시대적으로 봐서 노년기에 속해 백발이 성성할 무렵 배소(配所: 유배)라니 참으로 통탄할 일로 얼마나 참담했을까 짐작해 본다. 유배지는 왜구 침입을 막기 위해 내륙에 축성된 성 안에 있다. 유배지와 추사관이 나란히 있다. 유배지는 추사가 두 번째 거주했던 강도순의 집이었다.

제주 김정희 유배지 복원 건물

추사 나이 59세 되던 1844년, 제주도에 유배 온 지 5년이 되었을 때, 추사는 생애 최고의 명작으로 손꼽히는 세한도(歲寒圖)를 제자인 이상적에게 그려주었다. 찾아주는 사람 없고, 육지 소식마저 접하기 어려웠던 추사에게 뜻밖의 커다란 소포가 날아든다. 무려 120권이나 되는 책과 그밖에 여러 책을 이상적으로부터 받았다. 추사는 이상적의 정성에 감

격하고 또 감격했다. '아직도 나를 잊지 않고 챙겨주는 제자가 있다니'. 그리고 사제 간의 감사하는 뜻으로 그림을 그려 보낸 것이다.

『세한도』는 이러 저러한 사연이 깊고 깊게 얽혀 있다. 그 그림이 국보(제180호)로 지정될 줄 누가 알았겠는가? '세한도'(歲寒圖)는 초라한 집 한 채와 고목 몇 그루가 한겨울 추위 속에 서 있는 그림이다.

'겨울이 되어서야 소나무와 잣나무가 시들지 않음을 알게 된다. (세한연후지송백지후조, 歲寒然後知松柏之後凋)'라는 『논어』, 「자한」 편에 나오는 글의 앞부분인데, 이는 변함없는 사제 간의 의리, 친구와의 우정, 그리고 절개를 의미한다. 이와 함께 그림 제목 옆에 '藕船是賞'(우선시상)라고 써 '우선 이상적에게 준다'라는 뜻을 명백히 했다. 그 후 『세한도』는 우여 곡절을 겪어 오늘날 국보로 지정되기까지 과정은 소설감이다. 여기서 그런 담화까지 끄집어 낸다면 글이 너무 길어져 각설한다.

유배지는 세 채로 된 초가집이 복원되어 왼쪽이 안거리(안채)로 집주인 강도순과 가족들이 생활하던 곳이다. 우측 옆이 모거리(별채)로 추사 김정희 선생이 기거했던 곳이다. 말방에(연자방아)는 소나 말을 이용해 곡식과 이삭을 찧거나 빻는 일에 사용되었다. 보리와 조가 주식인 제주에서 말방에는 마을마다 하나씩 있는데, 강도순의 집에는 개인 소유의 말방에(연자방아)가 있었다. 그 말방에를 재현해 놓았다. 유명한 사람이 귀양 왔다는 소문에 마을 사람들은 추사를 찾아와 글공부를 배우고자 했다. 강도순은 김정희가 제주 유배 시절 가르친 제자 중 한 사람이었고, 그의 밭을 지나지 않고는 마을을 지나갈 수 없다는 말을 할 정도로 부유했다고 한다.

탱자 가시 울타리 안에서만 기거(위리안치(圍籬安置)) 해야 하는 귀양살이 중에 그의 추사체가 완성되었다. 벼루 10개를 구멍 내고 붓 천 자루가 닳을 정도로 고독한 정진 속에 이루어졌다고 한다. 추사는 배소(配所)에서 아내의 죽음 소식을 접한다. 그 고통이 어떠했겠는가! 일지암의 초의 선사는 아내를 잃은 추사를 위로하기 위해 바다를 건너와

반년을 한 지붕에서 지냈다. 초의 선사는 추사와 신분을 초월하여 가장 가깝게 지낸 벗이자, 교감을 나눈 동지였다. 둘은 동년배였다. 초의는 제주 유배 시절 세 차례 제주를 방문하여 추사를 위로하였고, 유배지의 추사를 걱정하여 해마다 햇차를 보내주었다. 추사는 초의에게 '일로향실(一爐香室: 차를 끓이는 다로의 향이 향기롭다)'이라는 문장을 주었으며 이 문장은 현재 해남 대둔사 일지암에 걸려 있다.

출구 쪽에 잣나무와 소나무로 세한도를 재현해 놓았다. 이상적은 스승으로부터 생각지 못한 세한도를 받고 펑펑 울었다고 한다. 세한도는 가슴 뭉클한 사연이 담겨 있기도 하지만 훗날 얽힌 이야기가 드라마틱하다. 간단하게 언급해 보면 그렇게 귀중하고 값진 작품을 이상적은 끝까지 보관하지 못하고 어떤 연유로 일본인 후지쓰카(당시 추사 연구가 교수) 손에 들어갔다. 그 후 진도 출신 서예가 소전 손재형 선생의 공헌 덕분에 세한도가 보존되었다. 흥미진진한 담화 마무리는 다음 기회로 남겨 두어야겠다.

전시관 1층에는 추사의 흉상만 덩그러니 있다. 유홍준 전 문화재청장이 주도하고, 건축가 승효상이 지은 건물로서 흉상을 자세히 보면 유배 온 죄인이라며 고개를 살짝 숙인 모습이다. 지하 전시실에서 1층 계단을 올라오면 왼쪽 벽면 채광이 들어오는 둥근 창이 인상적이다. 바깥 풍경을 자연스레 담아내는 프레임 같은 창이다. 그 아래는 추사가 죽기 3일 전, 서울 봉은사에 써준 현판 '판전'이라는 글자가 걸려있다. 1층 출입구로 나오면 바로 추사 김정희 선생이 기거했던 유배지와 연결된다. 추사는 1840년 9월(54세)에 정치적 박해로 유배길에 올라 소외의 아픔 속에 칼바람을 맞으며, 외로운 나날로 9년 동안 보냈다. 최고의 권세를 누렸던 추사는 유배지에서 분노를 삼키고 외로움을 견디며 세상에 대한 울분을 작품으로 승화시켰던 것이다.

이중섭 미술관
: 지금도 살아 있는 바다 위에 그린 그림

이번 여행은 이중섭 미술관에 비중을 두었다. 코로나로 인해 미술관은 현장에서 예약하고 남는 시간에 이중섭 가족이 거주했던 오두막집을 찾았다. 현장에서 해설사를 요청할 수 있어서 세세한 해설 덕에 좀 더 가까이 이중섭에게 다가갈 수 있었다.

이중섭은 1951년 부산으로 가족과 함께 피난을 왔다. 부산에서 살기가 너무 궁핍해서 제주도 서귀포까지 흘러 들어왔다. 그는 다리조차 제대로 뻗지 못하는 쪽방에 세를 얻어 1년 가까이 그림을 그리며 지냈다. 그가 머물렀던 골방은 흙바닥 부엌과 연결된 손바닥만한 방이다. 고작 1.4평인 방에서 네 명의 식구가 어떻게 지냈을까 가슴이 뭉클해진다. 그 유명한 『게』 그림을 이 집에서 그렸다. 그 작품은 박물관 입구 컨테이너 벽면에 재현되어 있고 진품은 미술관에 전시되어 있다.

서귀포에서 1952년 2월 장인의 사망 전보를 받고 그의 아내 마사코와 두 아들(태성, 태현)은 일본으로 건너간다. 그 후 이중섭은 가족을 영영 만날 수 없게 된다. 서귀포 앞 바다를 바라보며 가족에 대한 그리움을 편지지에 꼭 그림을 그려 서신을 주고받았다. 실낱같은 기쁨으로 희망을 이어갔지만 안타깝게 희망은 풍화되고 만다. 그는 게와 닭, 그리고 나무를 사랑하며 드물게 순수하고 따뜻한 영혼의 소유자였다. 극심한 가난 속에서 겨우 작품 몇 점을 파는 날이면 길거리에서 만난 불쌍한 사람에게 주머니를 털

이중섭이 거주했던 오두막집

어 다른 이의 눈물을 먼저 닦아주던 여린 마음씨였다.

부엌이 따로 없는 셋방

가족사진을 보며 눈물짓다가 그리움에 사무치는 밤이면 아내와 두 아들의 목소리를 허공을 향해 흉내 내며 울부짖었다. 또 첫아들이 죽었을 때 천당 가는 길 심심하다고 무릉도원에서 아이들이 뛰노는 모습을 그려 관 속에 넣어 주기도 했다. 이중섭의 삶은 아픈 드라마 같은 사연들뿐이다. 해설사와 눈이 마주쳤다. 그녀와 나는 똑같이 물기 젖은 표정을 서로 나누었다.

이중섭은 남한으로 피난 올 때 조카 영진을 데리고 왔다. 그가 조카에게 곰탕 한 그릇 먹고 싶다며 청한 적이 있는데 그 곰탕이 마지막이 될 줄 서로 예측하지 못했다. 그의 삶이 편지가 되고 그림이 되었다. 절실해야 작품이 탄생 되는 것처럼 그의 작품과 편지 몇 편은 삶의 조각들로 빛을 발하고 있다. 『자화상』은 낡은 종이에 연필로 그리고 색연필로 서명했다. 그 그림은 1955년 타계 1년 전 작업복 차림의 자화상이다. 치밀한 소묘에 의해 심연을 끄집어 냈다. 조카 이영진 씨가 이중섭 사후 43년 만인 1998년 12월에 이 작품을 공개했다. 미술관에 들어가면 첫 번째로 전시되어 있다.

〈길 떠나는 가족〉

나의 태현아, 건강하겠지?
아빠가 어제 엄마, 태성이, 태현이를 소달구지에 태우고…
아빠가 앞 쪽에서 황소를 끌고 따뜻한

남쪽나라로 함께 가는 그림을 그렸다.
황소 위에는 구름이다.
- 아빠 중섭 -

그림 속 가족들의 표정은 해맑다. 그러나 그리움에 사무치고 서러움에 옥죄어 왔던 그 삶의 조각들은 작품으로 승화시켜 윤이 나지만 마음은 촉촉해졌다.

높고 뚜렷하고
참된 숨결
나려 나려 이제 여기에
고웁게 나려
두북 두북 쌓이고
철철 넘치소서
삶은 서글프고 그리운 것
아름답도다 여기에
맑게 두 눈 열고
가슴 환히
헤치다.
- 1951년 서귀포의 피난 방에서 쓴 시〈소의 말〉전문 -

『사계』는 타이프 용지를 네 개의 공간으로 분할해 봄, 여름, 가을, 겨울을 표현한 유화 작품이다. 이중섭이 남긴 『사계』는 현재 두 점이 남아있다. 이중섭의 작품 소를, 먼저 떠올리지만 너무 가난해서 담뱃갑 은박지를 화폭 대신 그림을 그렸던 은지화도 반열에 올랐다. 서귀포 바닷가에서 아들과 게를 잡고 놀았던 모습을 은지화에 담아냈다. 이 그림을 가만히 보면 이중섭은 순수 예술로 여리게 우리에게 다가왔던 것 같다. 『소』 작품은 대부분 소의 머리 방향이 왼쪽을 향해 보고 있지만 여기 있는 작품은 유일하게 오른쪽을 보고 있다. 물론 진품은 없고 홍보용 벽보로 미술관 이층으로 올라가는 벽면에 부착되어 있다. 그의 삶과 감정이입이 되어 작품마다 찡하다.

그는 가족에 대한 그리움과 생활고가 겹쳐 정신분열 증세와 간암으로 1956년 9월 6일(40세) 적십자병원에서 지상의 고달픈 생애를 접었다. 그의 시신은 영안실에 무연고자로 분류되어 3일간 방치되어 있었다. 침대 시트에는 그동안 밀렸던 계산서가 붙어 있었다. 〈시인 김광균 보낸 이중섭 사망 전보〉

그 후 1997년 9월 6일(이중섭 기일) 46년 만에 이중섭의 부인 이남덕(일본명: 마사코) 여사는 서귀포 오두막집을 찾았다. 이웃이었던 김순복 할머니를 만나 옛날을 회고하기도 했다. 그녀는 북에서 말이 통하지 않았던 시댁 식구와 지냈던 그 고충에 비하면 찢어지게 가난했지만 가족과 오붓하게 일 년 남짓 살았던 서귀포 시절이 생애 가장 행복했다고 한다. 이중섭에게 받은 팔레트를 부인 미사코 여사가 우리나라에 가지고 와서 기증했다.

그가 아침저녁으로 거닐던 비탈진 거리는 '이중섭 거리'로 지정되어 관광지가 되었다. 그는 떠났지만 예술가로 영원히 남아 우리에게 의미 있는 시간을 제공해 주고 있다. 세상 끝자락에 내몰려 처절하고 암담했던 그의 삶을 안으며 내 마음도 서럽게 다가 왔다. 생전에 반 고흐를 알아보지 못했듯이 이중섭 또한 비운의 화가로 떠나고 나서야 이렇게 반열에 오른 얄궂은 운명이 서럽고 안타까울 따름이다. 그러나 영원히 미술 애호가들에게 슬픈 위안으로 그들의 삶은 결코 헛되지 않았다는 데 힘이 솟는다.

김환기 화백 고택

신안을 방문하는 길, 덤으로 김환기 생가가 눈에 들어왔다. 예기치 않은 발견에 다음 여정을 제쳐 두고 관심 가는 쪽으로 옮겼다. 생가는 얼핏 보아도 위세가 느껴졌다. 그는 전라남도 신안군 기좌도 (1913~1974년) 부농한 가정에서 1남 4녀 중 외아들로

김환기 고택 비

태어났다. 그는 일본으로 건너가 중학과 일본 대학 예술 학원 미술학부에서 공부하고 1937년 귀국했다. 생가는 신안군 안좌면 읍동리에 국가민속문화재로 보존되어 있다. 생가는 그가 일곱 살 때 건축된 것으로 원형을 거의 그대로 간직하고 있다. 안채에서 어린 시절을 보냈으며 화실은 김환기가 주로 방학을 이용하여 잠시 서울에서 내려와 작업을 하던 곳이다. 화실은 본래 초가였으나 현재는 시멘트 기와로 개조된 ㅡ자형 민도리집이다.

이 고택은 건축적 측면보다 이 고장이 낳은 한국의 대표적 서양화 화가 김환기의 생가로 의미가 있다. 고택의 소유자는 다른 사람 명의로 되어 있다. 산과 달과 학을 그리던 수화 김환기는 뉴욕에 건너가 마치 뉴욕의 고층 빌딩을 연상시키듯 끝없는 점 찍기의 추상화를 그렸다. 그러나 그의 추상화 속에는 두고 온 고향의 달과 학과 산이 숨어 있었다.

오늘날 빛을 발한 김환기 화백의 정열적인 작품 활동 뒤에는 평생 그의 곁을 지키며 반려자로, 때로는 조력자로 헌신한 아내 김향안이 있었다. 그의 아내 김향안 여사는 빼놓을 수 없는 인물로 경기 여고를 거쳐

김환기 고택 연력

이대 영문과를 졸업한 지식인 이었다. 김향안 여사는 오빠의 소개로 시인 이상(작품: 날개)을 만나서 결혼했다. 그녀의 본명은 변동림이었다. 1936년 이상과 약 3개월 남짓 결혼생활을 했다. 이상이 먼저 동경으로 갔고, 변동림이 뒤따라 나섰다. 폐결핵으로 이상의 임종을 지켰던 그녀였다. 당시 그녀의 나이 19살, 변동림으로서 삶 또한 짧지만 강렬했다.

그 후 7년 후, 당시 세 자녀를 둔 이혼남이었던 김환기를 만나게 된다. 그들은 단 두어 번 만났지만, 편지로 인해 더 가까워졌고 두 사람은 집안의 반대를 극복하고 부부의 연을 맺었다. 그리고 변동림은 자신의 이름을 버리고 남편의 성 씨 김과 그의 아호인 향안이라는 이름을 따라 변동림은 새로운 사람 김향안(개명)으로 다시 태어난다. 그리고 그들은 남부럽지 않은 금슬로 결혼생활을 이어가게 된다. 프랑스로 가고 싶어 했던 김환기를 위해 그녀는 불어를 독학으로 섭렵했다. 이후 먼저 프랑스로 떠나 기반을 다져 두었다. 김환기를 위해 미술에 관련된 책과 기사를 찾아가며 읽고, 공식적인 자리에서 통역사 역할을 하기도 했다. 그렇게 예술의 세계를 함께 고민하고 길을 만들어갔던 동반자였다. 그들은 파리에서 2년 정도 머물고 뉴욕으로 향했다.

뉴욕에서 김환기 화백은 애석하게 타계했다. 그녀는 김환기 화백을 1974년도에 잃은 후, 화가의 아내로서 김향안의 일상은 계속되었지만 김환기의 공백을 크게 느끼며 "사람 하나 사라졌을 뿐인데, 우주가 텅 빈 것 같았다." 했다. 혼자가 된 김향인 여사는 스스로 붓을 잡고 그림을 그리기도 하고, 세계 곳곳에 김환기의 작품을 알리고, 전시를 열었다. 마지막으로 화가의 작품을 기증할 생각을 하던 중, 그녀는 생각한다.

남의 집을 빌려 수화의 작품을 전시할 것이 아니라 우리 집을 만들자고. 그리고 마치 김향안 여사는 화가의 아내로서 마지막 내조를 하듯 모든 것을 바쳐 김환기 화백의 평생 소망을 이루었다. 그렇게 1994년 서울 부암동 환기미술관을 설립했다.

> 수화는 74년에 세상을 떠났다.
> 그 뒷수습을 하는 데 20년이 걸리다.
> 결혼 50년 금혼식이라는 것은 나에게 어떤 형벌같이 느껴졌다.
> - 김향안 "월하의 마음" 중 환기 미술관 일기 -

환기미술관에는 김향안 여사의 손길이 미치지 않은 곳이 없다. 그의 작품을 가장 잘 이해하고 그 사정을 가장 잘 아는 이가 동반자의 작품을 가장 제대로 볼 수 있도록 만든 곳이다. 2002년 김향안 여사는 눈을 감았고, 김환기의 묘소 옆에 안장되었다.

우리나라 근대 대표 화가 중 박수근과 이중섭, 김환기 이들은 동시대 화가이다. 흔히 가난과 외로움에 생애를 시달리다 간 화가들이 많았다. 물론 이중섭과 박수근 화가도 피할 수 없는 생을 걸어왔지만 이에 비해 김환기 화가는 아주 부유한 집안에서 태어나서 인생 탄탄대로를 걸어 왔던 거 같고 사후에도 부인 김향안 씨의 헌신적인 내조로 후광을 확실히 드러내고 있다.

생가는 햇볕이 잘 드는 남쪽 언덕에 점잖게 김환기를 닮았다.

다산 초당 4대 비경
: 정약용의 발자취를 만나러 가다.

다산 초당은 두 번째 방문이다. 처음 방문 때(10년 전) 제대로 보지 못하고 아니 제대로 보는 안목이 없었다. 어쨌든 설레발치고 갔다 온 것에 아쉬움이 남아 다시 찾게 되었다. 다산 정약용은 1801년 신유박해로 강진에서 18년간 유배 생활을 했다. 배소지를 몇 차례 옮겨 다니며 처음에는 강진 읍내의 주막인 동문매반가(東門賣飯家)에서 주모의 호의로 4년간 지냈다. 정약용은 이 주막을 사의재(四宜齋)라는 이름을 지었다. 이후 고은사의 보은산방, 정약용 제자의 집 등을 전전하다가 47세이던 1808년 봄에 다산의 외가인 해남 윤 씨 고산 윤선도의 가문인 윤단이 머물던 산정(山亭)을 정약용에게 거처로 내주었다. 이곳으로 거처를 옮겨 학문을 닦고 후학들을 가르치고 집필을 했다. 그곳에서 1821년까지 11년간 머물렀다.

만덕산 기슭에 자리한 다산 초당을 올라가는 산길은 소나무 뿌리가 지상으로 사나이의 핏줄처럼 역동적으로 드러나 있다. 뭇사람들의 발길에 닳은 뿌리는 강인한 생명력을 보여주며 일명 뿌리의 길이다. 가파른 계단을 오르다 보면 오른쪽 길 가장자리에 제자였던 윤종진의 묘가 있다. 윤단은 손자가 4명 있었는데 4형제를 다산에게 맡겼다.

다산 초당 전경

다산 초당은 본래 작은 초가집이었으나 무너져 1958년 지금의 다산 초당을 다시 기와지붕으로 복원하였다. 초당은 선비를 닮았다. 이 곳에서 다산은 11년 동안 머물면서 [목민심서]와 [경세유표], [흠흠신서]를 비롯한 500여 권(600여

권이 넘는다는 주장도 있음)에 달하는 조선 후기 실학을 집대성했다. 아이러니하게 다산의 불행은 곧 민족사에 축복이 되었다. 다산 초당에 도착하니 마침 해설사가 현장에 상주하고 있었다. 연세가 지긋해 보였다. 구성지게 이야기를 엮어갔다. 다산 초당에 4대 비경이 있다는 것을 새롭게 알고 감회가 새로웠다.

  1비경은 서편 암석에 다산이 직접 새긴 '정석(丁石)'이라는 글자이다. 유배를 마치고 고향으로 돌아가기 직전 다산이 새겼다. 밤이면 이 바위 아래서 북녘의 상감마마를 보고 절을 올리며 유배 생활에서 이렇게 많은 공부를 하고 글을 쓰도록 시간을 주었으니 오히려 유배 생활에 감사드렸다고 했다. 정석(丁石) 글자체에서 다산의 단아한 성품과 생에 대한 결연한 의지가 묻어난다. 2비경은 다조(茶竈)다. 찻물을 끓였던 부뚜막 바윗돌이다. 초당 마당에 놓인 널따란 바위가 마당을 지키고 있다. 그곳에 약천의 물을 떠다 솔방울로 불을 지펴 차를 우려 마셨다. 귀를 세우며 이야기를 듣고 있는데 어떤 청년이 올라오더니 마당에 놓인 부뚜막 바윗돌에 냉큼 앉았다. 경박한 행동에 서로 어안이 벙벙해 분위기가 싸아 했다. 모르면 행동이 경박해 진다는 것에 ….

  3비경은 약천이다. 운 좋게 초당 안에 들어가 녹차를 대접받으며 훈장님 역할을 맡은 분께 다시 조목조목 들었다. 약천은 다산이 평소 물을 떠 마시거나 차를 끓일 때 사용했던 샘으로 초당 뒤에 있다. 지금은 마실 수 없다. 4비경은 초당 옆에 있

약천이 흘렀던 곳

는 연못이다. 다산이 직접 파고 골짜기의 물을 끌어들여 폭포를 만들고 대나무로 홈통을 파서 연못으로 흘러 들어가도록 만들었다. 마지막 비경은 다산이 저술에 필요한 2천여 권의 책(윤단의 장서 포함)을 갖춰 기거하며 손님을 맞이하던 곳 동암이다. 분명 〈4비경〉이라 했는데 정

리를 하다 보다 5비경까지 나왔다. 분위기가 어정쩡했을 때 제대로 못 들었는가?

다산초당을 기준으로 서암과 동암이 있는데 현판 중 동암에 걸려 있는 보정산방은 추사 김정희 친필을 목각한 것이다. 동암을 거쳐 언덕에서 멀리 내다볼 수 있는 천일각이 있다. 이 언덕에서 다산은 강진 바다를 보며 가족과 흑산도로 귀양간 둘째 형 약전을 그리워하며 하염없이 심회를 풀어 낸 곳이다. 천일각 옆을 지나 만덕산에서 백련사로 이어지는 오솔길이 있다. 멀리 내다보이는 강진 바다를 보니 그의 애환이 느껴졌다.

다산초당에서 시(詩), 서(書), 화(畵), 차(茶)를 빼놓을 수 없는 생활을 하며 백련사에 있던 초의 선사와 차를 마시며 깊이 교유(交遊) 했다. 초의 선사는 추사 김정희와 깊은 우정을 쌓아온 사이이다. 시간상 백련사는 가지 못하고 사의재(四宜齋)로 가기 위해 초당을 내려와야 했다. 차로 10분 정도 가면 정약용 선생이 처음 유배 와서 머물렀던 곳 사의재가 나온다. 유배 길에 오른 지 18일 만에 강진에 도착한 다산의 남루한 행색에 동네 사람들은 등을 돌렸다. 하지만 이곳 주모가 다산에게 뜨끈한 아욱국으로 밥상을 차려주었고, 주막 뒤 작은 골방까지 흔쾌히 내어주었다. 그곳이 동문주막인데 거기에서 4년의 세월을 보냈다. 다산이 위대한 인물임을 알아보고 마음으로 챙겨준 주모의 거룩한 뜻을 기리고자 강진군에서 동상을 세워 많은 사람이 본받도록 하였다. 주모의 외동딸도 많은 도움을 주었다고 한다.

동문주막은 당시를 복원해서 현재 아욱국이 유명하다. 이 주막에서 다산은 척박한 유배 생활에 아욱국을 즐겨 먹었다. 백성들의 속으로 들어갔던 그에게 아욱국은 큰 위로가 되었단다. 우리는 동문주막에서 아욱국 한 그릇을 점심때가 훨씬 지나서야 아욱국으로 배를 채웠다. 맛은 맑게 푼 된장에 아욱의 부드러운 식감이 소탈했다. 동문주막 뒤에는 사의재가 재현되어 있다. 사의재란 마땅히 (宜) 지켜야 할 네 가지 조목

을 제시한 것으로, '담백한 생각과 장엄한 용모, 과묵한 언어와 신중한 행동'으로 자신을 단속하겠다는 다짐이다. 이는 수양 방법인 동시에 자신의 품격을 잃지 않겠다는 결의를 보여주는 것이다. 다산은 사의재에서 아전의 자식들이나 가끔 가르쳤을 뿐 아무도 가까이하려고 하지 않았다. 그도 그럴 수밖에 죄인으로 유배 온 사람을 가까이하다가 화를 당할지 모르니 늘 홀로 외롭게 지낼 수밖에 없었다.

　정약용은 의학, 공학, 형법, 정치학, 문예 등 모든 분에서 탁월한 능력을 발휘한 융합 인재로서 레오나르도 다빈치 못잖은 천재성으로 회자되고 있다. 학술 연구자의 말을 빌리자면 프랑스 혁명에 기여한 책 루소의『사회계약론』이 있고, 조선 시대 동학혁명의 촉발이 된 책으로는 다산의『경세유표』를 꼽고 있다. 이렇게 강진에서 정약용 선생의 발자취를 반추하며 해가 뉘엿뉘엿 떨어질 무렵 고속 도로로 접어들었다.

김영갑 갤러리의 숨결
: 제주 오름에 미치다.

　예술의 혼이 고즈넉하게 묻어나는 갤러리 앞뜰은 우수 깊은 사유가 흐른다. 제주에 홀려 필름을 수없이 감아 가며 이어도를 영혼에 인화한 사진작가 김영갑. 그는 3년간 서울과 제주를 오르내리며 사진 작업을 하던 중 아예 1985년 섬에 정착하게 된다. 가난한 작가는 필름과 인화지를 마련하기 위해 막노동으로 충당하며 당근과 고구마로 허기를 채우고 오직 사진 찍는 작업에 영혼과 열정을 바쳤다. 작업에 몰두 하던 작품은 주체할 수 없이 쌓여 마땅히 둘 곳이 없이 창고에 보관했었다. 창고에 쌓여 가는 사진에 곰팡이가 서려 그대로 둘 수 없어 몹시 안타까워했다.
　제주 속살과 숨결을 담아 내기 위해 힘든 삶을 꿋꿋하게 헤쳐가던 중 어느 날 루게릭병이 가혹하게 그에게 찾아왔다. 온몸이 굳어가며 더 이상 사진을 찍을 수 없게 되었다. 그럼에도 갤러리를 마련하기로 결심하고 버려진 폐교를 대여해 전시관으로 손수 초석을 다져 갔다. 투병 속에서 작업을 멈추지 않고 마침내 2002년 여름 '김영갑갤러리 두모악'으로 문을 열었다. 끼니는 굶어도 꿍쳐 둔 돈을 톡톡 털어서 일 년에 한 번씩 개인전을 열었다. 그의 나이 48세(2005년) 6년의 투병 끝에 두모악에서 쓸쓸하게 눈을 감았다. 그의 유해는 그를 사랑했던 사람들이 생전 그가 갤러리 앞뜰에 심어놓고 애인처럼 아끼던 감나무 밑에 묻었다. 정원에는 카메라를 멘 김영갑의 돌상이 호젓하다.
　'그랬던 것이다.' 이 사실을 모르고 갤러리에 들어섰는데 왠지 아릿한 분위기로 휩싸였던 것이다. 입장료를 내니까 멋진 사진엽서를 준다. 작품을 받아 든 기분이다. 전시관 분위기는 절제된 미로 아주 차분하

다. 정적 속 작가의 깊이를 느끼며 작품 하나하나에 담긴 혼이 보듬어졌다. 전시관에 영상도 마련되었다. 불치병으로 야윈 그의 모습과 어눌해지는 목소리를 영상을 통해 보면서 찡한 울림에 눈물이 핑 돌았다. 제주 자연의 숨결을 담아 내기 위해 시시각각으로 촉각을 다루며 혼신을 쏟아 표현한 사진들을 보니 존경심이 생겼다. 작품마다 그의 아우라가 느껴져 제주의 오름이 새로운 시각으로 각인되었다.

김영갑갤러리 두모악 전경

　같은 장소 같은 시간에서 같이 보아도 아름다움을 발견하는 사람이 있을 것이고 아름다움을 비껴가는 사람이 있다. 그는 제주 사람들도 미처 느끼지 못하고 깨닫지 못한 제주의 아름다움과 신비로움을 이야기해 주고 있다. 나는 애절한 것에 더 마음이 끌린다. 감동없이 작품을 감상할 수 없듯이 사진마다 잔잔한 전율이다. 유품 전시관은 쓸쓸할 만큼 조촐하다. 낡은 옷가지와 그의 혼이 담긴 카메라와 닳아빠진 카메라 가방이 애잔하다. 누구나 인생길은 평탄하지 않고 험난한 길을 걸어가야 한다는 것을 숙명이다. 평탄하지 않는 예술의 길은 더 험난해서 남다른 강한 의지가 없으면 이뤄 낼 수 없는 길이다. 굴곡진 삶을 묵묵히 걸어왔던 굳건한 의지를 발견하게 되면서 사진이 더 귀하게 와 닿았다.

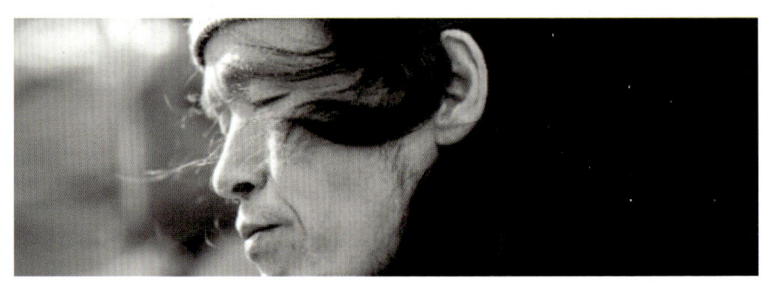

김영갑 사진 모양은 일관성을 가지고 있다. 정사각도 아니고 세로 직사각도 아니다. 크기와 상관없이 전부 파노라마식 직사각이다. 그만의 독보성에 내가 좋아하는 문질빈빈이라는 단어가 겹쳐졌다. 문질빈빈이란 간단하게 풀이하자면 '무늬와 바탕이 빛나다.'라는 뜻으로 '형식과 내용이 잘 어우러져 조화로운 작품이다.'라는 의미이다. 제주의 숨결과 틀이 어쩜 이렇게도 예술적으로 표현했는지. 전시관 분위기도 너무나 제주스럽고 마치 어스름한 새벽하늘 애절한 별 하나를 발견하는 기분으로 유난히 가슴이 술렁이었다. 야외 전시장에는 김영갑의 벗 최숙자의 토우 작품이 도란도란 있다. 사진 작품뿐만 아니라 손수 일군 야외 정원도 치열하게 살다 간 예술가의 애절함이 곳곳이 배여 있다.

톈진 흥선대원군 압송지

　톈진은 고종의 아버지 흥선대원군이 청나라로 끌려가 유폐되어 우리 역사적으로 울분이 치솟는 곳이다. 19세기말 일본과 맺은 강화조약으로 대원군의 쇄국정책이 무너지고 개화파와 수구파가 첨예하게 대립했다. 민씨 일파가 청나라에 도움을 요청하면서 국면으로 전개되어 청나라에 군대를 파견해 대원군을 납치한 후 중국으로 압송했다. 중국 톈진으로 끌려간 대원군은 이홍장의 심문을 받았다. 기록에 의하면 이홍장과 대면한 대원군은 절대 비굴하지 않았다고 전해진다.

톈진(천진) 기억 백 년 천지 공업 전람관

이홍장

　톈진 거리를 걷다가 우연히 전람관이 눈이 띄었다. 중국 역사를 제대로 모르니 들어갈까 말까 망설이다 호기심에 끌려 들어 가봤다. 역시나 별 흥미를 느끼지 못하고 그 야말로 수박 겉핥기로 둘러보다가 흥선대원군을 심문했던 이홍장 사진이 눈에 확 들어왔다. 고종은 청을 배척하고 러시아와 관계를 유지하며 갑신정변이 일어나자 청나라는 고종과 민비를 (명성황후) 견제하기 위한 수단으로 흥선대원군을 톈진에서 3년을 유폐하게 했다. 톈진 하이허에 있었던 선착장은 광복 후

우리나라 임시정부 요원들이 배를 탔던 곳이기도 하다. 당시 요원들은 배를 타기 전 알몸으로 검색을 받고 아무것도 가지고 갈 수 없었다고 한다. 역사를 아는 자 알고, 모르는 자 몰라도 세월은 흐르고 역사는 제 길을 갈 뿐. 나는 새 시대 21세기에 나라 임금의 아버지(대원군)가 수모를 당했던 현장에서 잠시나마 떠 올려 보고 되새겨 보는 시간으로 그치지만 민족의식은 뜨거웠다.

하이허를 중심으로 높은 빌딩과 유럽풍 건물들이 즐비하다. 톈진의 랜드마크는 관람차이다. 관람차를 타면 톈진 시내를 한 눈에 볼 수 있다. 특히 환상적인 조명이 켜지면 수려한 빛으로 모습을 드러낸다. 관람차는 강물을 가로질러 물 위 공중에 세워졌다. 세계 최대의 자전거 생산국이자 보유국답게 랜드마크로 자전거 바퀴 모양이다. 여기는 자전거의 도시이다. 매년 톈진 전시장에서 엄청난 규모로 자전거와 전기 바이크 전시회가 열린다. 주민들은 주로 자전거를 교통수단으로 이용한다. 자전거는 한 달에 우리 돈 2,000원으로 언제 어느 곳이든 타고, 지정된 곳에 세워두고 QR코드로 편리하게 사용할 수 있다. 우리나라보다 앞서가는 시스템에 눈이 휘둥그레졌다. 삼천리 자전거를 비롯한 한국 자전거도 톈진에서 들어온다.

시내 로터리에 세워진 세기 종의 시계탑은 톈진에 또 하나의 의미 있는 상징물이다. 이 시계탑은 천 년 만에 찾아오는 새로운 밀레니엄을 맞이하는 기념으로 제작된 것이다. 볼수록 힘찬 기운이 느껴졌다. 위로 우뚝 솟은 해 모양과 아래 달 모양에서 지구의 힘이 깃들여 있는 이미지다. 첫날밤에 왔다가 아쉬워서 다음 낮 밝은 날에 다시 찾았다. 새로운 세기를 맞이하여 만든 시계의 기상은 아이러니하게 힘찬 에너지가 솟았다. 흥선대원군이 치욕스러웠던 곳에서 뭐람 이 느낌?

우장춘 박사의 발자취
: 씨 없는 수박 누가 발명 했는가?

평일 시간이 넉넉해졌다. 마음에 두었던 우장춘 기념관으로 한적한 오후에 나섰다. 집에서 자동차로 10분 거리를 참으로 오래 걸렸다. 평소 까마득히 잊고 있다가 그곳을 지나칠 때면 '아, 그래! 다음엔 꼭 시간을 내서 가 봐야지.' 했던 곳이다.

우장춘 박사 박물관

기념관은 자그마한 2층 건물이다. 평일이라 앞마당에는 우장춘 박사 동상이 덤덤하게 기념관을 지키고 있다. 한파가 시작되었다. 하지만 오후 햇살이 잠시 전시관 출입구를 데우고 있다.

우장춘 박사는 일본 도쿄 태생이다. 광복 이후 황폐해진 우리나라는 일본으로부터 들어오던 각종 채소 종자의 반입이 중단되어 국가적으로 커다란 곤경에 처해 있었다. 그를 1950년 조국의 초청으로 귀환하여 9년간 농업의 부흥을 위해 헌신하는 육종 학자로 국내에서 자급자족이 될 수 있도록 기틀을 마련하였다.

우장춘의 아버지는 을미사변에 가담하여, 명성황후 시해에 주요 인물이었다. 당시 한국에 부인과 자식을 두고 일본으로 망명했다. 그의 아버지는 일본 사람과 재혼하여 낳은 자식이 우장춘이다. 그러니까 어머니는 일본인이다. 그가 6살 때 우장춘 아버지는 1903년에 조선 사람에게 암살되어 가세가 기울었는데, 조선총독부에서 학비를 지원받았다. 도쿄 제국 대학 농학부 졸업하고 박사 학위를 취득했다. 1936년 세계 육종

학계를 깜짝 놀라게 한 박사학위 논문을 발표했다. 하지만 그의 공식적인 위상은 달라진 것이 없이 무려 16년 동안 기수(技手)라는 하위직 신분에서 벗어나지 못했다. 4년 후 1950년 한국 추진 위원회를 필두로 귀환하게 되었다. 아이러니하게 우장춘 아버지는 한국에 처자식(우장춘의 누님)을 두고 일본으로 망명했고, 우장춘 박사는 일본에 처자식을 두고 9년 후 한국에서 홀로 타계했다. 부자간에 기구한 삶이 우연치고 얄궂다.

우장춘 흉상 기념비

우리나라가 독립 후 농업 생산력이 부족해 우량종자 개발과 보급이 필수적이었고, 우장춘과 같은 농학 인재는 대단히 귀중한 존재였다. 그래서 한국 정부는 100만 엔을 이적비로 우장춘에게 주었다. 현재 시가 10억 원의 가치다. 하지만 우장춘은 일본에 있는 가족에게는 쓰지 않고 한국에 뿌릴 우량 종자를 사는데 다 써 버렸단다.

혼자 귀환한 우장춘 박사는 어머니가 위독하다는 소식을 전해 받고 일본으로 가기 위한 여권을 마련하기 위해 이승만에게 발급을 요청했다. 그러나 일본에서 다시 돌아오지 않을까 출국 금지를 받았다. 끝내 어머니의 임종 소식을 들어야 했다. 우장춘 박사는 시신 없이 빈소를 차려 애도를 올렸다. 이때 들어온 조의금을 식수 부족으로 고민해온 원예 시험장 내에 우물을 파고 여기에 자혜로운 어머니의 젖과 같은 샘이란 뜻을 담아 자유천(慈乳泉)이라 이름을 지었다.

전시관 1층에는 당시 지었던 건물에 상량문을 써서 축원을 올렸던 상량 기둥이 보관되었다. 상량 기둥을 보니 선친이 생각났다. 옛날 우리 동네 새로 집을 지을 때 아버지께서 도맡아 써 주셨다는 그런 상량대를 보니 기억조차 아득했던 것이 선명해졌다.

우장춘이 씨 없는 수박을 개발한 것으로 알려져 있지만, 실은 일본

인 기하라 히토시가 개발한 것이다. 당시 농민들에게 신뢰감이 없었던 우장춘의 실력을 의도적으로 알리기 위해 선의의 홍보였다. 우장춘은 비록 씨 없는 수박을 최초로 개발하지는 않았지만 중요한 건 씨 없는 수박을 재배할 수 있도록 기초 원리를 규명하였다.

    그는 귀국 후 거의 일본에 의존하던 채소 종자를 국내에서 자급할 수 있도록 하였고, 또한 연구기관을 세우고 연구 인력을 배출하는데 힘써 한국 농학의 뿌리를 다졌다. 이러한 업적을 인정받아 1959년 8월 9일 그가 돌아가시기 이틀 전 정부로부터 대한민국 문화 포장을 받았다. 그 자리에서 "조국이 나를 인정했다."라며 말하고 감격의 눈물을 흘렸다. 한국 생활도 일본에서처럼 쉽지 않았다. 서투른 한국어 탓에 일본인이라는 오해를 샀다. 일본에서는 조선인이라고 차별을 받았고, 우범선(매국노) 아들이라는 꼬리표도 붙어 다녔다. 하지만 그는 부친의 친일을 속죄하기 위해 조국에 기여를 하지 않았나 싶다. 배추 무뿐만 아니라 강원도의 특산품인 감자와 제주도의 특산품인 귤도 모두 우장춘 박사에 의해 처음 재배되었다. 매일 식탁에 차려지는 김치를 아무 생각 없이 먹었는데 오늘은 우장춘 박사의 업적을 기리는 의미로 저녁 식탁이 꽉 찰 것 같다.

PART 3

신년 음악회 빈 필하모닉 1
『오페라의 유령』 뮤지컬
신년 음악회 빈 필하모닉 2
F1963, 복합문화공간 YES 24
흰여울 문화마을
: 이탈리아, 친퀘테레의 마나룰라를 닮아간다.
명례 성당
: 병인박해 희생된 신석복 순례자를 돌아보다.
해양 드라마 세트장
: 문화적 가치가 충분하다.

신년 음악회 빈 필하모닉 1

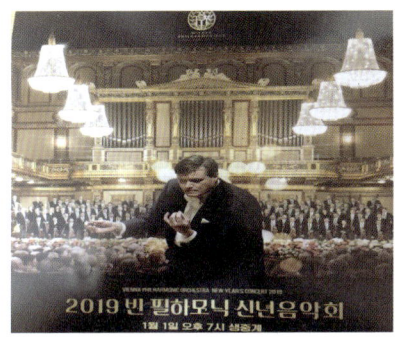

일상이 고급스러운 날,
 한 달 전 예약했던 빈 필하모닉 신년음악회가 열리는 날이다. 오스트리아 빈에 갔냐고? 아니다. 메가박스에서 위성 생중계로 본다. 세계 90개국에 중계되어 5천만 명 이상이 관람하는 세계인의 신년 맞이 행사이다.
물론 KBS에서 녹화된 신년음악회를 방영해 준다. 그렇지만 영화관에서 실시간으로 보여주는 그 생생한 느낌과 관람하러 가기 위해 나서는 길 내내 그 설렘에 비하지 못한다.
 오스트리아는 클래식 음악의 역사와 흐름을 주도해 왔다. 모차르트가 탄생한 도시 잘츠부르크에서 시작된 음악회로 올해는 드레스덴 슈타츠카펠레 수석 지휘자이자 잘츠부르크의 예술감독인 마에스트로 크리스티안 틸레만의 지휘로 빈 무지크페라인 황금홀에서 새해를 열었다. 오케스트라 자체의 독립성을 위해 상임지휘자를 두지 않고 매년 지휘자를 새로이 선임을 한다.
 공연은 PART 1, 2로 진행되었고 두 시간 반 정도이다. 열렬한 호응에 대비하여 앙코르 곡도 준비되어 있다. '황금빛 사운드' 벨벳 같은 우아함의 극치에 오롯이 빠져들 수 있어 황홀하다. 시작과 동시에 관람석에 전 UN 사무총장 반기문 내외분이 카메라에 잡혔다. 객석을 메운 홀에서 아는 사람이 화면으로 나오니 동족 의식이 솟아 반가웠다. 지구촌 가장 유명한 새해맞이 음악회에 일체가 되어 선율로 영혼을 채운다. 이야말로 배고픈 소크라테스가 된 기분이다.

1부 연주는 Carl Michael Ziehrer - Schonfeld March, op. 422로 경쾌하고 희망찬 기운으로 새해를 출발했다. 오케스트라 고유의 음색과 음향을 유지하기 위해 19세기 빈에서 개발됐거나 오랫동안 쓰인 악기를 쓰기도 한단다. 공연장과 영화관 안에는 동시에 열기가 후끈 달아오른다. 클래식이 어렵고 지겹다는 선입견을 버리면 귀에 익숙하게 좀 더 가까이서 누릴 수 있다. 특히 빈 필하모닉 오케스트라는 가슴으로 듣고 마음으로 보는 환희 그 자체이다. 카메라에 간간이 포착된 작년에 본 듯한 일본 왕족 출신 같은 노부부를 포함하여 우아하고 귀족적인 사람 등 다양한 모습들도 볼거리를 제공한다. 또한 오스트리아의 아름다운 주변 관광지와 꿈결 같은 풍경 속에서 요정처럼 춤을 추는 무용수들도 가슴 뛰게 하는 장면이다. 뭐니 뭐니 해도 음악회에서 주인공은 지휘자이다. 크리스티안 틸레만의 지휘자는 위트가 있는 사람이다. 관객들은 그 매력에 사로잡혀 황금홀 현장과 영화관 관객 모두 앙코르 곡 지휘에 박자를 맞추며 하나가 되었다.

연주는 끝났지만 뜨거운 갈채 소리는 멈출 줄 몰랐다. 관현악단의 황금빛 사운드는 가슴 벅찬 여운을 남겼다. 새해 감동으로 시작했으니 감격으로 맺고 싶다.

「오페라의 유령」 뮤지컬

공연을 예매하고 내내 그쪽으로 쏠려 있었다. 손꼽아 기다렸던 공연은 평일이다. 퇴근길이 이렇게 설렜던가? 아니지 얼른 가서 쉬고 싶다는 생각밖에 없었지. 지금 이 순간 드림시어터로 향한 길이 꽃길이렷다. 공연 한 시간 전 도착해서 티켓팅하고 돌아서서 분위기 파악하니 벌써 메인 포스터에서 사진 찍느라 여기저기 줄을 서 있다. 공연 못지 않게 포스터 인기도 후끈하다. 기대에 부푼 마음으로 줄을 서서 앞에 사람들이 찍고 차례가 바뀌는 찰나 대기하고 있던 카메라 셔터를 날렵하게 눌려 메인 포스터를 찍었다. 이럴 땐 자기만의 기지를 발휘해야 한다.

2층 가장 인기 있는 포토존 전광판은 관객들을 확 잡아 낚아챈다. 전광판은 흑색 바탕에 화이트 가면이 압도적이다. 바로 옆에는 크리스마스 장식과 가면으로 장식된 트리가 어둠을 은은하게 밝히고 있다. 열광하는 관객들 속에 사진 한 장 찍기가 쉽지 않았다. 각층마다 천장에 매달아 놓은 장미 리스 안에 가면도 인상적이다. 포스터 하나하나에 애정이 갔다. 마음 같아선 다음에 시간을 따로 넉넉하게 내서 제대로 사진을 찍고 싶었다.

막이 내려진 무대는 파리 가르니에 오페라 극장을 담아낸 와인색 커튼으로 웅장하게 드리워져 있었다. 드디어 막이 열렸다. 무대 천장에 화려한 샹들리에를 보는 순간 가슴이 쿵쾅쿵쾅 뛰었다. 천장에서 보통보다 밑으로 떨어뜨려 달아 놓았다. '아, 그래 한참 공연이 무르익어 갈 즈음 스테이지 위로 떨어져 아수라장을 만들었던 그 샹들리에가 아닌가?' 원작을 먼저 읽고 갔으니 줄거리가 그려졌다. 공연이 시작하면서 샹들리에가 천장으로 올라갔다. 분위기가 차분하다. 내심 의미심장한 미소가 흐르고 기대감에 싸여 두근거렸다. 무대 미장센도 우세하고

19세기 파리 무대가 그려지는 화려한 배우들의 의상도 기대에 한몫 한다. 팬텀의 분노로 샹들리에가 무대로 떨어지면서 긴장을 고조시켜 모든 좌석을 꽉 메운 공연장은 관객들과 일치가 되어 탄성으로 1막이 끝났다.

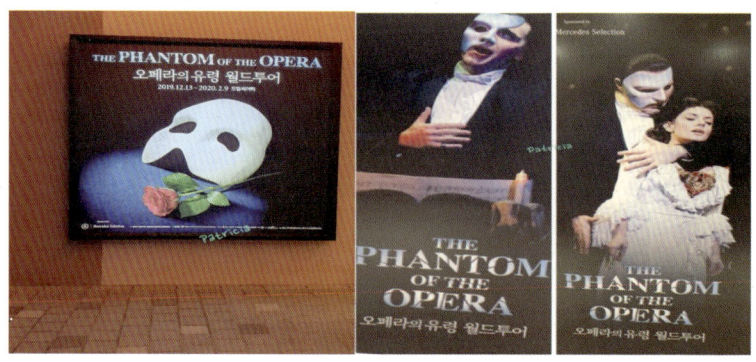

1층에 마련한 포스터 줄을 서서 운 좋게 건진 사진.

　인터미션 사이 다시 사진을 찍으러 갈까 싶었지만, 줄 선 사람들이 예상되어 그냥 접고 차분하게 2막을 맞이했다. 스토리보다 핵심 레퍼토리에 빠져 뮤지컬의 진수를 뜨겁게 느끼며 삶의 모퉁이가 업그레이드 되는 기분이었다. 뮤지컬의 사운드와 배우들의 생생한 모션 하나하나에 감동하며 도취되었다.

　크리스틴이 부른 곡 'wishing you were somehow here again'에 그 생생한 현장감은 압권이다. 최상의 전율과 우레와 같은 갈채로 그녀를 맞이했다. 'Phantom of the opera'의 메인 곡은 말할 거 없이 전주곡에서 웅장하고 장엄하게 울려 퍼졌다. 도입부터 압도되어 머리카락이 삐죽 솟아오르며 흥분이 되었다. 파리 가르니에 오페라하우스 아래 지하는 아니지만, 자욱한 안갯속 촛불이 일렁이는 지하 호수를 가로지르며 팬텀과 크리스틴이 탄 조각배의 움직임에 눈을 뗄 수가 없었다.

'아, 이래서 전 세계에서 이토록 관객들이 매료되어 열광을 하고 갈채를 보내며 30년이라는 긴 세월을 이어서 공연되어 왔구나.' 싶었다. 공연은 끝났지만, 뜨거운 갈채와 찬사의 열기는 쉬이 식지 않았다. 커튼콜에 다시 올라가고 라울의 재등장에 이어 크리스탄이 무대로 다시 나왔고, 가면을 쓴 팬텀이 마지막으로 세련된 매너로 무대를 멋지게 마무리하며 화답을 했다. 유령이 아닌 괴기한 외모 때문에 인간에게 따뜻한 눈길 한번 받아 본 적 없었던 가엾은 팬텀에게 마음이 갔다. 감동의 여운이 이렇게 깊이 남을 줄 몰랐다.

집에 와서 언제 또 이런 명작을 볼 수 있을까 싶어 다시 예매할 날짜를 짚어 보았다. 팬텀의 쩌렁쩌렁한 음색이 아직도 귓전을 울린다. 원래 원작을 다 담아낼 수 없다는 것이 한계라 스토리 면에서 아쉬울 수밖에 없었지만, 뮤지컬로서 위력은 과히 타의 추종을 불허하여 감동이었다.

신년 음악회 빈 필하모닉 2

새해를 맞이하는 마음은 새로이 고귀하다.

새해마다 희망을 담은 소원을 빌었다면 올 신년은 내 삶의 군상들을 무던하게 그려내는 화선지 한 장을 준비하려 한다. 되도록 강한 색채보다 은은한 색감으로 호숫가를 배경 삼아 나무 벤치가 있는 담백한 이미지로 채색할 참이다.

여태 간절히 원하던 것들은 이루어지지 않았다. 반면 별 기대도 않던 행운은 가끔 찾아왔다. 새해 오후 일곱 시 나는 메가박스 상영장 6관 D열 6번 좌석에 앉아 있다. 빈 무지크페라인 황금홀에서 새해를 여는 신년 음악회를 라이브로 보는 것이 행운인 거처럼 말

이다. 신년 음악회는 오케스트라 자체의 독립성을 위해 상임지휘자를 두지 않아 해마다 지휘자에 대한 관심이 쏠린다. 2020년 지휘자는 안드리스 넬슨스(Andris Nelsons)로서 매해 하는 멘트 '오늘날 가장'이다. 그래도 신선하다. 오늘날 가장 혁신적인 지휘자로서 보스턴 심포니 등 세계 클래식 무대에서 활발히 활동하고 있다. 특히 신년음악회를 시작으로 베토벤 탄생 250주년을 맞이하여 유럽 콘서트 투어를 진행하는 등 빈 필하모닉과 더욱 특별한 관계를 이어갈 예정이다.

빈 무지크페리 황금홀은 뜨겁게 달군다. 세계적인 클래식 신년 축제날, 무대를 휘젓는 지휘자의 의상도 인상적이었다. 윤기가 흐르는 검은색 벨벳에 차이나 카라의 의상은 심플하면서 기품이 느껴진다. 비록 공

연장의 생생한 감동에 비할 수 없지만 웅장한 사운드로 감상하는 라이브 상영도 감동의 서열이다. 실시간 공연 중 인터미션을 할애해 미리 촬영해 둔 빈의 풍경과 어우러진 현악 연주는 특별한 공연을 제공한다. 또 빈 국립발레단의 발레리나와 발레리노들의 발레 공연을 상영해 더욱 생동감을 선사한다. 우아한 백조같은 몸짓은 매혹적이고 환상 그 자체다. 빈의 아름다운 풍경과 잘 어울리는 라이브 신년 음악회의 묘미는 실시간 음악 애호가들과 함께 호흡하며 가장 고전적인 선율로 에너지를 채우는 것이다.

오케스트라를 감상할 때 지휘자마다 특징 하나를 느낄 수 있는데 올 신년 음악회에서 안드리스 넬슨스가 보여 준 깜짝 이벤트는 특별 보너스를 탄 기분이었다. 당장 잘츠부르크로 날아가고 싶어졌다. 아름다운 미라벨 궁전 정원에서 〈사운드 오브 뮤직〉 도레미 송을 부르며 알프스 산맥의 미풍을 맞이 하고 싶어졌고, 모짜르트가 새겨진 초콜릿의 달달한 그리움이 와락 몰려왔다. 모차르트와 요한 스트라우트의 명곡들을 비엔나 쿠어 살롱에서라도 가서 감상하고 싶다.

　PART 2에서 트럼펫 연주자였던 그가 트럼펫을 들고 나와 경쾌한 연주로 연출해 더욱 활기차게 진행했다. 거장의 손길처럼 하나하나가 예술적 표현으로 간간이 온화하게 짓는 미소도 이목을 끄는 대목이었다. 앙코르곡으로 〈아름답고 푸른 도나우(An der scho nen blauen Donau Op. 314)〉의 연주에 이어 오케스트라에서 빠질 수 없는 혼연일체가 되는 〈라데츠키 행진곡 (Radetzky March. Op. 228)〉의 활기 넘치는 연주로 세계는 하나가 되어 황홀한 정점을 찍었다. 열렬한 박수갈채로 성황리에 마무리한 음악회는 신년, 행운의 선물이었다.

F1963, 복합문화공간 YES 24

F1963은 Factory라는 뜻으로 1963에 고려제강이 설립된 해를 의미한다. 2008년 이후 창고로 쓰였던 곳인데 2016년 부산 비엔날레에서 전시장으로 첫 선을 보인 복합문화 공간으로 재탄생했다. 복합 문화 공간은 부산시와 부산문화재단, 고려제강이 함께 만든 F1963은 와이어 공장의 건물 형태와 골조만

F1963 건물 측면 전경

남기고 공간 활용도에 맞게 문화 가치 창조로서 리노베이션 되었다. 기대에 찬 발걸음으로 문화 공간을 찾았다. 옛 공장 바닥의 콘크리트를 잘라 조성한 디딤돌을 걸으며 바람에 댓잎 부딪히는 소리로 상쾌하게 들어섰다. 소릿길을 지나면 본 건물이 나온다. 나무가 울창한 정원은 정원사의 세심한 배려로 순수 감성을 제공해준다. 새 둥지를 나뭇가지에 걸어 놓았다. 평온하고 푸근한 새 둥지이다.

F1963은 입구는 정문과 옆 문이 있다. 옆 문을 통해 들어가니 와이어 제조 설비가 있던 부지를 맹종죽 숲으로 되어 있다. 대나무 숲 사잇길을 산책하는 기분으로 걷다 보면 F1963 건물이 보인다. 외벽이 고려제강을 상징하는 철강으로 되어 인상적이다. 건물 1층 주요 공간은 Yes24 중고서점, 테라로사, Praha993, 복순도가, F1963 스퀘어, F1963 도서관이 있는데 각각 개성을 살려 공간의 활용도를 높였다. 서점 출입구에 작가들의 사진을 비치해 놓고 대형 전자 원고지에는 활자가 생동감 있게 움직인다. 서점 실내는 지붕 골조가 그대로 드러난 높은 천장과 철재를 이용해 더 넓고 정갈하며, 활자 인쇄 프로세스부터 최신 기술의

F1963 건물 내부

전자책까지 책과 출판에 관한 정보가 담겨 있다. 책을 좋아하는 사람들에겐 가슴 벅찬 선물 같은 공간이다. 마치 갤러리에 온 기분으로 편안하게 앉아서 책 읽기 좋은 분위기까지 갖췄다. 옛날 현장에서 사용했던 널빤지를 책 테이블로 재활용했다.

　서점 옆 문을 통해 밖으로 나가면 예쁜 원예점과 Green House & Book이라는 건물이 눈에 띈다. 숲과 꽃으로 둘러싸인 이 건물은 붉은 블록 건물로 지붕과 일부의 벽은 유리로 되어 일명 유리온실이다. 책과 자연이 공존하는 사색의 공간으로 독특하고 자연 친화적인 인상을 준다. 안에는 꽃과 식물이 싱싱하게 자라고 미술책과 풍경 사진 책들을 비치해서 예술적 감성을 교감하게 해 놓았다. 유리온실 창과 문을 통해 보이는 정원의 숲이 비밀스럽게 보인다. 통유리 문을 열고 나가면 시가 있는 풍경처럼 정원을 옴팍하게 품고 있다. 여기서는 최대한 느린 걸음으로 스케치하듯 한 발 한 발 내딛다 보면 한 폭의 그림이 완성되는 기분이다. 머릿속에서 예쁜 풍경이 아른거린다. 정원을 거쳐 탐방하듯 둘러보면 곳곳에 문화 감성이 새록새록 돋친다.

　옛 공장의 뒷마당에는 달빛 가든이 있다. 그 공간은 휘영청 달 밝은 밤 비밀을 품은 곳으로 서로의 감성이 공존하듯 탄생했다. 밤이 아니라도 숲과 꽃들이 어우러져 햇살 좋은 날 물위로 반영된 풍경은 시시때때로 다른 프레임을 제공한다. 바로 옆에 예술전문도서관은 미술, 사진, 음악, 건축에 관한 책들을 소장하고 회원제와 시간제로 운영한다. 화단에는 허브가 숲을 이루며 바람 결 사이로 향기를 뿜어 낸다. 건물 한 면은 온통 담쟁이가 싱그럽게 서로 화합하여 도시 건물에 자연 옷을 입혔다.

책 몇 권을 구입하고, 외벽 통유리로 보이는 맥주 양조제 몇 대가 유혹했다. Praha993 수제 맥줏집이다. 993년 체코 최초의 맥주 양조가 이루어진 프라하 브르제브노프 밝은 수도원의 방식 그대로 맥주를 제조한다. 프라하와 남다른 인연이 있기에 관심이 쏠리는 곳이었다. 호기심이 생겨 외국인 직원이기도 해서 프라하의 코젤 맥주가 있는지 물어봤다. 아쉽게 취급하지 않는단다. 햄버거와 로제파스타, 윗 세인트 벨지안 밀맥주(WIT Saint)를 주문했다. 마른 목을 축여 주는 맥주 맛이 일품이다. 테라스는 와이어를 감던 보빈(bobbin) 모양의 테이블이 이국적으로 눈길을 끈다.

    F1963 건물의 특징은 외곽 벽이 각각 다르게 설계되어 있다. 눈썰미를 발휘해서 건축의 미를 세밀하게 느껴 본다면 더욱 마음이 풍성해질 것이다. 전체적으로 규모가 생각보다 넓어서 제대로 둘러보지 못하고 나왔다. 다음 시간을 기약할 만큼 관심이 끌리는 곳이다. 도심에 이 지혜로운 문화 공간이 있다는 건 기분 좋은 일이다.

흰여울 문화마을
: 이탈리아, 친퀘테레의 마나롤라를 닮아간다.

흰여울 문화마을

영도 흰여울 문화마을은 건너편 방파 제방에서 바라보면 이탈리아 친퀘테레 마을 마나롤라를 닮았다. 바닷가 절벽 위에 알록달록한 집들이 옹기종기 모여 삶의 애환이 서려있는 거와 비슷하다. 한국전쟁 이후 피난민의 역사적 아픔과 시간의 흔적을 간직한 채 2011년 12월부터 소박하게 재구성되어 흰여울 마을로 새롭게 거듭나고 있다. 그뿐만 아니라 예술가의 창작의욕을 북돋우고, 지역 구민들에게 생활 속에서 문화를 만나게 하는 독창적인 예술 마을로 재형성되어 감각을 끌어올리는 중이다.

해안 산책로에서 탁 트인 바다를 따라 걸어가다 보면 언덕 위에 다닥다닥 붙어 있는 낡은 집들이 풍경이 되어 호기심을 불러일으킨다. 잘박잘박 자갈밭으로 밀려오는 파도 소리와 경쾌하게 호흡을 맞추면 여행의 감미를 더할 수 있다. 살랑살랑 불어오는 바닷바람 결 따라 올려다보니 언덕 위에 용도를 알 수 없는 요새 같은 건축물이 보인다. 바로 아래에 자생 선인장이 꽃을 피웠다. 세월이 흘러 넓게 번식되어서 또 하나의 테마로 자리 잡으면 좋겠다는 생각이 든다.

흰여울 앞바다에는 크고 작은 배들이 군데군데 떠 있는 풍광이 이색적이다. 부산항에 들어오는 배들이 닻을 내리고 잠시 머무는 묘박지로 마치 그림엽서처럼 여행자에게 풍미를 덧붙인다. 해안 산책로 끝으로 해안 터널이 나온다. 여기는 인증샷을 찍는 곳으로 사람들이 북적거린

다. 해안 터널을 돌아 나와 깎아지른 계단을 올라가면 마을을 이르게 된다. 계단 반쯤 닿았을 때 바다와 가장 가까운 집 한 채를 발견하고 살금살금 앞마당까지 엿보았다. 낭만보다 왠지 애잔하다. 바다를 앞마당 삼아 살아왔던 집 주인의 절박했던 삶을 관찰자 시점으로 비쳐 볼 수밖에 없지만 쓸쓸한 기운이 서렸다. 건물 옆에는 몇 그루의 아름드리 나무들이 있다. 집 주인의 모질고 거친 풍랑을 막기 위한 방패 역할로 의지했을 것이다. 지금도 여전히 비바람의 모서리를 피해 갈 수 없지만 서로 고단한 어깨를 쓰다듬으며 공생하는 것 같았다. 피난처로 허름했던 건물은 빨간 벽돌집으로 소박하게 리모델링 되었다.

해안에서 올라오면 마을 공동 앞마당과 같은 바다와 맞닿은 산책길이 구불구불하게 나 있다. 마을이 바다 언덕배기에 있다 보니 해안과 마을을 이어주는 계단이 곳곳에 있다. 계단마다 특성 있는 주제를 드러내

친퀘테레 마을 마나롤라

어 상징성을 살려 흥미롭게 표현했다. 계단은 층마다 조약돌로 정성 들여 문양을 새겨 놓았다. 돌계단을 힘겹게 올라오면 영화에 나올 뻔한 풍경이 여행자의 마음을 보듬어 준다. 녹음이 짙은 나무가 아치 모양으로 둘러싸여 그 사이로 펼쳐지는 바다와 나무 울타리가 예술이다. 여기 역시 인기가 많은 곳이라 사진 찍으려면 지그시 시간을 두고 기다려야 한다.

또 프러포즈 계단은 젊은 연인들에게 사랑을 많이 받는다. 계단에 꽃다발을 그려 넣고 계단 몇 개 아래로는 꽃을 주는 포즈를 취하도록 재미있게 설정 해놓았다. 마을은 개성 있는 공방과 분위기 있는 카페들로 각자 감성을 살려 소소한 볼거리로 구성이 잘 짜여 가는 단편 소설처럼 담박하게 담아내고 있는 중이다. 골목을 오르락내리락하다가 체코 프라하 어느 마리오네트 숍에서 볼 수 있었던 소품에 눈길이 끌려 밖

흰여울 해안 터널

에서 유심히 살펴보았다. 다양한 생김새의 마리오네트 인형들이 보였다. 아쉽게도 갤러리는 출장 공연 때문에 문이 닫혀 있었다. 마리오네트 인형은 정교하게 만들어져 사람의 조종으로 인생 희로애락을 담아낸다. 문득 인상 깊게 봤던 〈사운드 오브 뮤직〉 영화에 나오는 마리오네트의 익살스러운 표정들이 떠올랐다. 공연 부분을 유튜브로 다시 찾아보고 싶어졌다. 바다가 훤히 내다보이는 카페로 가서 느긋하게 그 부분만 나오는 동영상을 보면서 여행의 단상을 첨가해 보았다.

손만 뻗치면 배에 닿을 것 같은 울타리 너머 바다 위 묘박지에 배들은 만선의 꿈을 향해 충전 중이다. 들뜬 문화보다 잔잔한 감각으로 디자인되어 가는

친퀘테레 자연해안터널

흰여울 문화마을에 정이 얹어졌다. 허물어진 건물은 바닥과 창틀만 남겨두고 시시때때로 변화는 바다를 창틀을 통해 자연을 담아내는 액자가 된다. 영도와 송도를 이어주는 남항 대교가 연결되어 타지방에서 온 여행객들은 들렀다 가도 또 하나의 추억을 포갤 수 있을 것이다.

바다를 풍경 삼아 아기자기하게 꾸며진 건물들은 저마다 좋은 예감으로 여행자를 맞이 한다. 또 마을 사람들의 고단함과 웃음소리를 기억하며 애정어린 서사를 부여한다.

명례 성당
: 병인박해 희생된 신석복 순례자를 돌아보다.

　진군처럼 몰려왔던 더위가 한바탕 소나기에 잠시 물러나 있다. 시원스레 내리는 빗줄기를 윈도브러시가 숨 가쁘게 닦아낸다. 모처럼 약속했던 장소에 도착해 보니 쉬는 날이다. 계획이 엇박자로 나버렸다. 집으로 들어가기 허전해서 밀양 명례 성지로 차머리를 돌렸다.
　세차게 여름 비가 내리는 고속도로는 한산하며 납빛 하늘은 매지구름을 끼고 있다. 변덕스러운 비가 쏟아졌다 그치다 하던 동안 명례 마을에 도착했다. 비는 이미 멎었고 빗방울을 머금은 초록 잎들은 싱그러운 소녀 같다. 차를 세워 놓고 표지판을 향해 언덕바지를 걸어가니 세월의 흔적을 고스란히 품은 명패가 소담스럽게 맞이한다. 치장하지 않은 소박한 현판에 어쩐지 숙연해진다. 신앙과 거리가 먼 나는 묘한 끌림에 차분해진다.
　명례 성당은 경남 지역 첫 번째의 천주교회 본당으로서 1896년 설립되었다. 초대 주임은 한국인으로서 세 번째로 서품된 강성삼 라우렌시오 신부로 1903년 선종 때까지 이곳에서 사목하였다. 그 후 기와지붕의 새성전을 지어 봉헌하였으나 태풍으로 파괴되어 잔해를 사용하여 축소 복원했다. 세월의 풍파를 겪은 성전이다. 이 건물은 2011년 경상남도 문화재 자료 526호로 등록되었다. 특이한 것은 남자와 여자의 자리가 구분되어 있고 성전 내부의 목조 구조는 전국에 몇 개 남아 있지 않은 오래된 형태로써 초기 천주교회의 건축양식을 잘 보여 준다.
　잘 다듬어진 잔디로 둘러싸인 정원에는 성모 마리아상이 있다. 인자스러운 마리아의 표정에 종교는 다르지만 경건하게 하례했다. 정원 한 귀퉁이에 아직 덜 여문 감들이 주렁주렁 달린 감나무 몇 그루가 있고 사이사이에 돌 징검다리가 정갈하게 깔려있다. 관리자의 노고가 느껴져

성모마리아 동상 새 성당을 건립하면서 세워진 동산

고마운 마음으로 타박타박 걸어 올라갔다. 금세 언덕 위에 자리한 작은 종탑이 보인다. 따로 세워진 종탑 바로 옆에는 기와지붕 성당이 돌계단 위로 나직히 고개를 내민다. 한 계단을 오르면 처마 아래로 깔끔하게 칠해진 하얀색 벽과 회백색 벽이 다소곳하게 보인다. 남은 계단을 오르면 중앙 문과 양 갈래 창문을 드러내며 단아한 성당이 언덕 위에서 겸손하게 내민다. 높지도 낮지도 않은 마지막 계단에 올라서면 성전 마당에 300년이라는 유고한 세월을 품은 팽나무가 지친 심신을 와락 품어 준다. 성당 아래로 펼쳐진 낙동 강변의 전망이 평화롭게 펼쳐져 명례 성당은 위치적으로 신의 은총을 받은 것 같다.

명례 성당 구건물 내부

열려 있는 성당 문을 조심스럽게 밀고 들어갔다. 성당 천장에 목조로 이룬 서까래가 눈에 띈다. 벽 사면으로 뚫려 있는 채광 창이 수더분하다. 나무로 된 바닥도 소박하고 실내는 작아서 더 안온하다. 미사를 볼 때 남자와 여자의 자리를 구분하기 하기 위해 바닥에서 천정까지 중앙에 나무 기둥이 엄격하다. 성전 전체 분위기가 수수하다. 최상의 장식으로 화려하게 치장한 유럽의 성당과 대조적이다. 소박해서 더 큰 내면의 힘을 느끼며 나의 견해를 약간 허물어지게 한다.

성당 뒤쪽에는 신석복 순교자의 생가 터가 있고 신석복 마르코 기념

성당이 현대식 건물로 세워졌다. 흥선대원군은 1866년부터 1872년까지 6년 동안 8,000여 명의 천주교도를 처형했던 역사적 비극을 초래했다. 그뿐만 아니라 거슬러 올라가서 짚어보면 18세기부터 신해박해를 비롯하여 신유박해와 천주교 금지령으로 처형 당했다. 그리고 단지 학문 연구를 위해 서학을 공부한 정약용, 정약전? 등 유배지로 쫓겨난 기해박해까지 수많은 생명이 희생된 비극적인 역사에 마음 아팠다.

2006년 복자의 생가 터를 발견되면서 그의 삶과 순교를 기리고자 2018년에 신석복 마르코 성당이 봉헌되었다. 소금 언덕으로 불리는 언덕 위에 새성당은 녹아 사라지는 소금의 영성을 구현했기에 곡선의 구조물은 없다. 분명 언

새 성당 계단식 지붕과 소금 형태의 채광 창

덕 위에 세워졌지만, 건물은 지하로 내려가 거의 지붕만 드러난다. 소금처럼 자기 몸을 녹여 봉헌한다는 신석복 마르코의 신앙 정신을 기리기 위한 상징적인 의미로 세워진 건물이다. 얼핏 보면 지붕인지 그냥 계단에 조형물을 세워 놓았는지 분간할 수 없을 것 같다. 구조를 알고 보면 계단식 지붕과 지붕으로 낸 입체 소금 형태 창이 이목을 끈다. 성전으로 채광을 받게끔 한 독특한 창 모양이 고상하면서 점잖게 건물의 특성을 살려 건축미가 느껴진다. 성당 안으로 들어가려면 계단 아래로 가야 한다.

출입구 옆 벽면에서 동으로 만든 신석복 마르코의 두상을 걸어 놓고 아래는 그가 남긴 "나를 위해 풀 한 포기도 포졸들에게 주지 마라. 풀어준다 해도 다시 천주교를 봉행할 것이다."라고 마지막 말을 남겼다. 초연이 순교한 신석복 마르코의 숭고한 신앙심을 글귀가 대리석 좌판에 새겨져 있다. 벽면은 자연 풍경을 계절의 변화에 따라 담아내는 액

자식 설계이다. 돋보인다. 지붕에 채광 창을 내어서 천장으로 빛을 비추어 천장의 선도 부드럽다.

    건물은 전체적으로 소금색인 회백색 색채를 담고. 실내는 천장으로 뚫린 창으로 소금을 머금은 듯한 이미지가 자연스럽다. 벽에는 한 뼘 정도 넓이로 길쭉하게 설계된 채광 창도 이채롭다. 절제된 꾸밈이 더 강력하다. 마음이 참 간사하다. 믿음에 신봉은 하지 않지만 살다 보면 시련에 부딪혀 막막하고 절박 때는 자신도 모르게 "하느님이여! 부처님이여!" 연거푸 찾을 때가 있더라.

해양 드라마 세트장
: 문화적 가치가 충분하다.

촬영 세트장은 빼어난 자연 경관이 어우러진 해안에 자리하고 있다. 입구까지 흐르는 바닷물이 겨울 동안 묵은 찌꺼기를 씻어 주듯 청아하다. 시간을 거슬러 타임머신을 타고 온 기분이다. 정교한 건축 양식을 보여주는 23채의 목조 건물로 특히 너와지붕이 다채롭다. 철기시대에 이런 건물이 있었던가 싶을 정도로 독특한 건축물이다. 해양 드라마 세트장은 2010년에 처음 '철왕 김수로'의 촬영지 중 하나로 사용되었다. 그 후 영화와 드라마 촬영지로 사용하고 있으며 가야 시대의 철제 생산지와 부두, 무기 등 전통적인 풍습과 문화를 보여주는 곳이다. 그 외 다양한 생활용품과 소품들이 흥미를 덧붙인다.

입구에 들어서면 해양 무역을 이끄는 철기를 만들기 위해 비밀과 나라의 중요한 임무를 연구하던 비밀 연구동이 있다. 내부는 들어갈 수 없지만 건물 안에 비밀문서가 오가며 연구에 몰두하던 모습들이 상상된다. 가야 시대 건물은 기와집이나 고상가옥인 줄 알았는데 의외로 건축양식이 특이하다. 촬영을 위해 당시 건축의 고유성보다 철기 문화의 위상을 부각 시킨 것 같다.

메인 세트장은 김해관이지만 가장 익사이팅한 곳은 야철장이었다. 건물이 상당이 크고 높은 굴뚝과 삿갓 모양 너와 지붕 생경스럽다. 건물에 비해 출입 문짝과 창문 문양이 철기를 만드는 곳이라 하기엔 이질적이다. 아주 섬세하고 예술 감성

해양 드라마 세트장 상영 포스터 나열

이 묻어있다. 내부에 들어가면 채집한 철광석을 재련하는 곳이다. 실내에는 용광로와 풀무과 물레방아까지 갖춰져 있고 이층 구조로 천장을 통한 굴뚝까지 연결되어 호기심에 찬 눈이 빛난다. 여기저기 철을 두드리며 용광로로 향해 남성들의 우람한 힘줄이 솟아나는 것 같다. 시간여행을 톡톡히 하는 기분이 든다. 밖으로 나와 언덕 위에서 본 야철장 건물 외곽과 지붕 모양은 너무 독보적이라 뒤돌아 다시 봐 진다.

다음은 김해관, 김수로와 허황옥 침실과 회의 장소가 마련되었다. 이 건물은 해양과 가장 가까운 곳으로 가야 시대 고상가옥 형태를 최대한 살려 자연과 일체 시킨 전망이 압도적이다. 또 선착장으로 해상무역을 위해 배를 대는 곳과 맞닿아 있어 관람객에게 가장 인기가 있다. 허황옥 왕후가 배를 타고 도착했던 곳으로 설정해 놓은 곳이라 나룻배가 떠 있어 운치 있는 풍광이다. 가야관은 '김수로' 촬영 시 객사로 쓰였던 곳으로 민초들이 머무르는 곳이 아니라 사대부에 맞춰 소품들이 귀티가 나고 고풍스럽다.

해양 드라마 세트장 일부

지금 뒤뜰에는 얼었던 땅을 뚫고 봄 아지랑이가 몽글몽글 올라오고 수긋한 산수유 가지에는 꽃망울이 맺혔다. 나뭇가지 사이로 가야관의 전경을 포착한다며 특별한 즐거움이 될 것이다. 바로 위로 새미정으로 세월의 더께가 느껴지는 소나무들이 병풍처럼 펼쳐지고 그 아래 공동 우물이 있다. 우물가에는 물의 수호신인 물고기의 형상이 눈을 부릅뜨고 용맹하게 지키고 있다. 세트장 측면이라 아래로 내다본 경관도 귀한 포착이다.

오밀조밀 저잣거리로 민초들의 소박한 문화를 보여주는 각 건물 안에도 눈요기에 쏠쏠하다. 저마다 전통적인 소품들이 신기하고 정감이 흐른다. 아쉬운 건 골동품의 가치가 엿보이는데 관리 소홀로 그냥 방치한 느낌이라 오래오래 보존되었으면 하는 마음에 염려스럽다.

건물 안에 숨겨 놓은 백미가 있다. 목조 벽면에 다채로운 모양으로 낸 채광 창 모양과 문짝 문양에 시선을 멈추게 한다. 마부들이 묵었던 마방의 문살까지 예술의 손길로 느껴진다. 산책길을 올라가서 유유자적으로 내려다보며 문화적인 가치에 의의를 두고 생각해 보았다. 입장료가 무료라 관리가 소홀 한가?

PART 4

에바 알머슨 화가
: 행복을 그리는 마음의 돋보기

문신 조각 작가 100주년

합스부르크 600년 전시회
: 자칭 마니아라 한다.

외규장 의궤 전시회
: 백문이 불여일견

무라카미 다카시 전시회
: 무라카미 좀비

이건희 컬렉션 특별전
: 위대한 여정

에바 알머슨 화가
: 행복을 그리는 마음의 돋보기

〈설치미술〉에바 알머슨의 작품

에바 알머슨은 마음의 돋보기를 가지고 있는 화가이다. 소소한 일상이 그녀의 돋보기를 거치면 특별한 아름다움으로 변한다. 그녀는 우리 곁에 숨어있는 행복을 찾아주는 스페인 화가로서 국내에서 제법 알려진 작가이다. 에바 알머슨의 작품으로 미술학원에서 수업 자료로 많이 쓰고 있기도 한단다. 그만큼 우리 곁에 가까이 있는 작가다.

"행복은 늘 거기에 있었습니다.
당신이 보지 못했을 뿐이에요."

거창한 말도 아니고 누구나 할 수 있는 말이다. 그런데도 참 공감 가는 말이다. 나는 행복을 늘 추구하면서 욕심에 가려 내 곁에 숨어 있는 행복을 제대로 찾지 못하고 더 큰 데로 눈을 돌려놓고 있었다.

작품 〈활짝 핀 꽃〉

오늘은 그림을 통해 행복으로 한 걸음 다가가 보기로 했다. 전시장 분위기는 행복으로 달캉달캉하다. 다정스레 그려진 하우스와 정감 가는

조형물로 설치해 놓았다. 옆에는 선물 꾸러미 같은 상자를 쌓아 놓고 후덕한 이모처럼 보이는 모형과 편안하게 사진을 찍을 수 있게 구성되어 있다.

에바 알머슨 작품은 미술이라는 같은 카테고리에 있지만 순수 미술로 어른에게는 행복을 아이들에게는 사랑을 전해준다. 그녀의 작품은 보기만 해도 행복으로 끌린다. 작품마다 애정 어린 시선으로 바라본 붓 터치가 자못 사랑스럽고, 둥그레한 얼굴 모양과 순박한 표정들로 입가에 미소를 번지게 한다. 부산 주제로 작품을 최초로 전시해서 부산 관람객에게 배려를 한 것 같다. 부산의 상징인 바다를 모티브로 벽면 전체를 화폭으로 담아냈다. 부산 바다의 물결을 머리카락으로 부각 시킨 독창적인 발상이 돋보였다. 눈높이를 맞추어 조곤조곤 설명해 주는 젊은 엄마와 차분히 들으며 그림을 보고 있는 아이, 그 모녀의 뒷모습마저 뿌듯한 작품이 되었다.

눈높이에 맞춰 함께 감상하는 모녀의 모습

작품 『심해』 제목만큼이나 심오한 의미를 담고 있는 것 같았다. 심해 속에 잠긴 몸은 캄캄한 현실이지만 잔잔한 미소를 머금고 수면 위에 떠오른 표정은 미래에 대한 희망을 설정해 놓은 것 같았다. 작가의 의도는 알 수 없지만 나의 감상 결은 그랬다.

마지막 룸에는 회화와 설치미술, 소품 등으로 가족과 주변의 이야기를 잔잔하게 풀어낸다. 그림 속 남자의 머리 생김새를 보면 다소 고개가 기우뚱거리게 된다. 알고 보니 알머슨의 남편이 대머리라고 한다. 순수한 마음이 엿보여 그녀에게 친근감이 갔다. 그녀의 그림은 익숙한 거 같으면서 신선하고 일상이지만 생경하다. 생생한 기운이 도는 이미지이다. 창의력이란 무에서 유로 창조하는 것이 아니라 원래 있는 것에서

에바 알머슨의 관련된 소품들

자기만의 독특한 창법으로 새롭게 만들어 내는 것이 창의력이라 하지 않은가. 인생이 어찌 핑크빛만 있으랴. 인생에서 기쁨은 고작 이십 퍼센트 정도라고 하니까 가끔 이렇게 예술로 통해 위안과 위로를 받으며 행복 한 조각을 얻는 것도 창의적인 일상이지 싶다.

아기자기 소품 몇 가지 구입하면서 소소한 행복! 그래 바로 내가 만들어 가는 거야.

문신 조각 작가 100주년

 여리여리한 연둣빛으로 물오른 식물들이 미술관을 싱그럽게 둘러쌌다. 마실 나온 새들도 덩달아 부드러운 곡선을 그리며 흥얼거린다. 문신 미술관은 초입부터 예술의 기운이 오붓하다. 이렇게 설레 본 지 얼마 만인가. 설레는 발걸음은 음률로 조율하며 감정이입에 젖어든다.
 세계적인 조각 거장 문신 탄생 100주년을 기념하고 있다.
 미술관은 출입문(대문)부터 문신 작가를 상징하는 시메트리(symmetry) 작품이 구현되었다. 절제된 현판은 함축의 미를 품었다. 문신미술관은 마산 바다가 내려다보이는 추산동 언덕에 예술혼이 고스란히 보존되었다. 우주와 생명의 음률을 시각화하는 작가로 평가받는 문신은 프랑스에서 쌓은 세계적인 명성을 뒤로하고 귀국하였다. 그는 자신의 미술관을 14년간 노고 끝에 건립하여 1994년 개관했다. 미술관을 직접 설계하고 풀 한 포기, 돌 하나까지 그의 손길이 거쳤다. 미술관 전체가 거대한 작품으로 연결 지었다. 그가 평생을 바쳐 쓴 이력인 동시에 사랑하는 고향에 바친 선물로 문신 예술의 결정체이다. 안타깝게도 개관하고 일 년 후 1995년 작가는 작고 했다. 미술관은 고인의 유언을 받들어 부인 최성숙 여사가 2003년 창원시에 기증하여 2004년 시립미술관으로 재개관 되었다.
 입구에 들어서면 문신의 동상이 세워져 있으며 브론즈와 스테인리스로 제작된 작품들이 정원을 장식했다. 부산 국제신문 로비에 문신 조각이 설치되어 있어 익숙하다. 그의 조각 작품은 대칭⟨sympathy⟩이지만 조각의 중심에서 가장자리로 갈수록 좌우의 균형이 어긋난다. 이런 독보적인 기법은 오히려 친밀도를 높여 자연미를 준다. 야외 조각상 바닥에 깔린 석재도 작가가 하나하나 절단기로 잘라 창출된 작품이기도 하다. 작품 중에 헝가리 부다페스트에 출전한 조각이 야외 전시장에 있

다.(1991) 스테인리스로 된 작품 앞에 서면 작품 속으로 현재 풍경이 고스란히 반사된다. 어릴 적 볼록거울 앞에서 거울 속에 담긴 내 모습을 보고 이상한 상상 속으로 흘려 들었던 아우라가 지금 작품 속에서 유영한다. 다양한 제목이 있지만 거의 '우주를 향하여 1, 2, 3… 그리고 무제'이다. 작품마다 방향과 자연 채광에 따라 각각 다르게 비치는 모습이 매우 흥미롭고 조각을 감상하는 내내 신비한 체험이 된다.

제1전시관 작품들은 "개미 Ant 청동"(1989) 작품 옆에는 문신 작가의 글이 보인다.

"오로지 내가 바라는 것이 있다면 작업을 하는 동안에 형태들이 생명력을 갖게 되며 궁극적으로 생명의 의미성을 가지게 되게 바랄 뿐이다."
- 문신 -

작가의 의지가 담긴 글귀를 보며 그의 바람 대로 작품마다 생명력이 느껴지고 작품의 고유성을 이어 가고 있다는 것을 절감할 수 있었다.

미술관 정원 브론즈의 문신

88올림픽 공원에 설치된 높이 25m 대형 스테인리스 스틸 조각 『태양의 인간』이 작품은 200여 점의 드로잉 창작 과정을 거친 후 스테인리스 스틸 강판으로 둥근 공을 제작하여 맞춤 용접으로 이어 붙였다. 55

개의 반구형 볼륨을 구성한 탑 형식 작품으로 반복적 패턴과 파상적 리듬 그리고 금속제 표면이 주는 반사적 효과에 의해 환상적인 효과를 준다. 그가 프랑스에서 활동하면서 착안된 모티브가 된 작품이다. 프랑스 발 카렌스에 거대한 이집트 오벨리스크를 연상케 하는 작품으로써 국내외 알려졌다. (88올림픽 공원 설치되어 있음) 작가는 어떤 사물을 보고 영감을 얻는 특출한 시각을 가졌다. 나는 작품을 모티브를 했다는 오벨리스크를 직접 보았지만, 그 어떠한 발상을 창출하지 못하는 범부임을 각인시키는 것 같아 왠지 위축이 되었다.

제1전시관 건물 뒤쪽으로 가서 마치 몰래 발견한 기분으로 차근차근 눈여겨 훑어보았다. 미술관 건립 당시 바닥 공사를 하고 남은 석재를 허투루 두지 않고 작가의 감각을 발휘해 새로운 작품으로 탄생 시켜 놓은 탑이 눈에 띄었다. 2분법 피라미드형 양식이 얼마나 정교하게 쌓였는지 작가의 인고에 감탄하며 경외감마저 느껴졌다. 돋보이는 이 조형물 바로 옆 언덕에는 문신 작가의 묘가 안치되어 있다.

이분법 피라미드 탑

문신 원형 미술관 건물로 이동하여 석고 원형 작품과 옥상에 설치된 조각까지 관람했다. 옥상에서 내려다보면 바로 눈앞에 미술관 전경과 문신 작가 예술이 반영된 생전 자택이 보인다. 현재 작가의 부인 즉 문신미술관장(최성숙 75세)이 거주한다.

문신의 드로잉이 새겨진 커피잔으로 예술을 적시 듯 유난히 그윽한 향에 빠졌다. 문신의 작품은 조각뿐 아니라 석고 원형, 드로잉, 채화, 유화, 도자기 등 여러 장르를 넘나들었다. 조각을 본격적으로 하게 된 계기는 프랑스에 정착하면서부터이다. 그는 파리 서북쪽 85km 떨어진

문신 전시관과 사택 전경

리브 넬(Ravenel) 성에서 수복 작업을 하게 되었다. 이를 통해 입체에 대한 잠재성을 발견하고 본격적으로 조각을 시작하게 되었다.

"나는 노예처럼 작업하고,
서민과 같이 생활하고,
신처럼 창조했다.
- 문신 -

예술이 일상이 될 수 없지만 예술이 스며든 일상이고 싶은 욕심이 슬며시 밀려왔다.

합스부르크 600년 전시회
: 자칭 마니아라 한다.

오스트리아에 남다른 촉각을 가지고 있는 편이다. 합스부르크의 신성 로마 황후였던 마리아 테레지아를 비롯하여 쇤브룬 궁전에 대한 관심도 높기 때문에 이번 [합스부르크 600년, 매혹의 걸작들] 전시회에 구미가 당겼다. 서울 국립중앙박물관에서 전시하는데 부산에 거

합스부르크 600년 책자

주하는 입장이라 고민이 생겼다. 나는 오스트리아 대표 작가 슈테판 츠바이크의 문체에 빠져 마리 앙투아네트 책을 3번을 몰두하여 읽을 정도로 애독자이다. 역사적으로 센세이션을 불러일으키며 단두대에서 이슬로 사라진 오스트리아, 그러니깐 마리아 테레지아 황제의 딸 마리아 안토니아 공주(마리 앙투아네트)의 초상화를 화두에 놓고 봐도 전시회를 보고 싶은 확실한 이유가 생겼다. 르네상스와 바로크 시대 걸작들의 보금자리인 합스부르크 가문의 컬렉션을 우리나라에서 공개한다는 건 가슴 뛰는 희소식이다. 전시회를 보러 갈 것인가에 대한 고민거리로 결정을 내릴 때까지 전시회 쪽으로 내내 서성거렸다. 프랑스와 신성로마제국의 일시적인 동맹의 일환으로 부르봉가 루이 16세와 결혼한 마리 앙투아네트의 일생에 남달리 호기심을 가지고 있기에. 우선 전시회에 관한 책자를 먼저 구매해서 며칠을 두고 읽으니 관람하고 싶은 마음이 더 가중되었다.

전시회 1부, 황제를 취향을 담다.

책을 통해 새롭게 알게 된 것인데 1893년 조선과 오스트리아, 헝가리 제국의 수호 통상 조약 체결에 대한 선물로 고종 황제가 프란츠 요제프 1세에게 보낸 조선의 갑옷과 투구도 함께 전시한다는 것이다. 조오 수호통상 조약을 체결 130주년이 된 것을 축하하는 의미가 담겨 있는 전시회이기도 하다. 14년 만에 한국을 다시 찾는 전시회, 내 나이를 생각하면 이번 전시회를 놓치면 다시는 기회를 잡을 수 없을 같아 마음이 급해져 서울행 열차표와 전시회 티켓을 예매했다. 그 행복한 유혹에 빠져 손꼽아 기다렸다.

드디어 국립중앙박물관을 향하여 캄캄한 새벽길을 나섰다. 열차는 여명의 어둠을 거두며 달리기 시작했다. 평소 대중교통을 거의 이용하지 않는 편이라 부산 촌놈이 서울 지하철 타는 것이 걱정되었지만, 파리에서 일주일 동안 지하철을 타고 다녔던 패기가 되살아 났다. 우리나라 수도에 걸맞게 지하철 노선이 복잡하긴 하지만 생각보다 국립중앙박물관까지 수월하게 찾아갈 수 있었다. 역시 대한민국 국립중앙박물관의 위상에 맞게 특정 역세권에 놀랐다.

마르가리타 테레사 공주 메인 포스트

심장이 고동쳤다. 합스부르크 가문의 영광을 증언하는 예술품을 직접 보게 된다는 것에. 티켓을 교환하는 대기 줄에 사람들이 생각했던 것보다 많지 않아 다행이었다. 이번 전시회 메인 표지 인물인 마르가리타 테레사 공주 얼굴이 한 벽을 차지하며 관람자를 맞이하고 있었다. 전시관 도입부터 합스부르크 왕가의 찬란한 역사의 시작을 알린 막시밀리안 1세 초상화가 늠름하다. 갑옷과 대관식 예복을 입

은 모습으로 군주의 위엄을 드러낸 반신상이다. 막시밀리안은 중세 유럽사에서 가장 중요하고 유명한 결혼 일화가 있다. 막시밀리안이 결혼 전 탑에 갇혀 있던 마리라는 아가씨가 있었다. 마리와 막시밀리안은 원래 아는 사이였다. 머리카락을 잘라 막시밀리안 1세에게 보냈는데, 당시 오스트리아는 계속되는 전투로 재정적으로 어려움에 처한 상황이었다. 하지만 막시밀리안 1세는 가문의 사비를 털어가며 마리를 구출했다. 이것을 모티브로 동화〈라푼젤〉이 탄생되었다. 이런 사연 덕분에 막시밀리안 1세에게 '마지막 기사'라는 별칭이 붙었다.

티엠아이(사족)가 될 수 있지만 〈라푼젤〉을 엄청 흥미롭게 봤다. 디테일한 영상으로 배경이 된 장소가 프랑스 몽 생 미셸과 폴란드 노츠쿠파위 등불 축제를 옮겨 놓았다. 라푼젤 OST - I See The Lig를 좋아해서 막시밀리안 1세 초상화 앞에서 남다른 관심이 갔다. 몇 년 전 몽 샐 미셸에서 신비스러운 석양에 빠져 꿈을 꾸듯 특별한 경험과 연결된 라푼젤이기도 하니까.

갑옷 두벌이 전시되어 있다. 중세와 르네상스 시대 갑옷은 남성이 소유할 수 있는 가장 값비싼 물건 중 하나였다. 정치적, 군사적 권력의 상징이자 귀족 이상인 사람을 나타낸다. 철로 만든 갑옷은 도저히 혼자서 입지 못할뿐더러 입고 제대로 걸을 수도 없게 보여 전시용으로 적합하지 않을까 싶었다. 전시품 중에 해시계가 있다. 1629년 구리 합금에 도금 크기가 높이 17.8cm 길이 12.1cm로 크기가 작았다. 해시계라면 앙부일구(솥 모양의 해시계)로 우리나라 조선 시대 15세기 장영실 발명품인데 우리나라가 해시계가 더 빨리 발명된 것에 왠지 자긍심이 생겼다. 야자열매 주전자는 커다란 견과의 낯설고 희귀한 모습이라 여기고 물고기 모양으로 수많은 물의 정령들로 장식해 유래했다.

이번 전시회에 메인 사진 『흰옷을 입은 마르가리타 공주』는 스페인 왕 펠리컨 4세의 딸인 마르가리타 테레사 공주이다. 그녀는 열다섯 살에

레오폴트 1세(그녀의 외삼촌)과 혼인해서 4명의 아이를 낳고 스물한 살의 한창 나이에 요절했다. 『레오폴투 빌헬름 대공』을 사실 낯설게 보고 『꽃다발을 꽂은 파란 꽃병』 작품 앞에서 잠시 머리를 식히는 기분으로 가볍게 관람했다. 작품을 온전히 즐기기 위해서는 배경으로 다루고 있는 시대와 문화에 대한 지식이 필요하다. 합스부르크 600전시회는 다른 전시회보다 눈이 반짝거려졌다. 루돌프 2세는 정치적 야망은 없었지만 예술품 수집에서는 최고 수준의 전문가였다.

합스부르크가는 고귀한 혈통을 지킨다는 명목으로 근친혼을 했다. 근친혼은 대를 이어서 유전병과 기형을 초래하며 가장 특징적인 것이 바로 주걱턱인데 이를 '합스부르크 턱'이라는 말이 생길 정도였다. 합스부르크 턱은 6세기 이상 이어져 내려왔다. 마리아 테레지아는 오스트리아 역사에서 가장 사랑받은 여왕이다. 화려함과 소박함이 공존하는 궁중문화 근대화를 이끈 합스부르크가의 유일한 황제. 남편 프란츠 스테판 사이에서 16명의 자식을 낳았다. 그중 막내딸이 마리 앙투아네트이다. '오스트리아의 어머니이자 유럽의 장모'로 통한다. 최초로 초등학교 의무교육을 실시하고 국민들에게 화려한 컬렉션을 공개하기도 했다.

개인적으로 가장 기대했던 작품을 보는 순간 가슴이 뭉클했다. 베르사유의 장미 마리 앙투아네트로 너무나 유명한 인물이다. 프랑스와 적대관계였던 시절 관계 개선을 위해 프랑스의 루이 16세와 정략결혼을 했다. 그림 속에서 의상은 장식과 과한 드레스는 당시 프랑스 왕실의 인기 패션이었다고 한다. 이 회화는 개인적으로 감회가 새로웠다. 마리 앙투아네트의 초상화 앞에서 그녀의 일생이 주마등처럼 스쳐 가며 쉽게 발걸음을 옮기지 못했다. 일화가 있다. '음악의 신동'이라고 불리던 모차르트가 일곱 살 때 마리아 테레지아의 초대를 받아 쇤브룬 궁전에 입궁했다. '거울의 방'에서 천재적인 연주를 선보인 모차르트는 이때 마주친 한 살 위인 공주 마리 앙투아네트에게 반해 청혼했다는 믿거나 말거나 하는 깜찍한 일화이다.

프란츠 요제프 1세 흔히 '비극의 황제'로 통한다. 역사적으로 최고의 미인이라 할 수 있는 엘리자베트와 결혼했다. 최장기간 68년을 재위했으나 저무는 제국을 맞이했다. 하지만 격동의 시기에도 오스트리아, 헝가리 제국이라는 이중 국가체제를 구축했고, 근대화 정책을 펴며 빈을 문화 중심의 현대적인 대도시로 탈바꿈해 중요한 업적을 남겼다. 부인 엘리자베트는 시시라는 애칭으로 유명하다. 엘리자베트(시시) 가히 절세미인이다. 벨베데레 궁전이 떠올랐다. 서양 미인과 동양 미인이 묘하게 합쳐진 듯한 외모가 압도적이다. 그녀는 고부갈등을 견디지 못하고 해외로 떠돌던 중 죽음을 맞았다. 죽음의 비극성을 높여준 허리를 꽉 조인 코르셋이 도드라진다. 엘라자베트는 늘 허리를 19인치나 20인치로 동여맸으며 제네바 호수 여행 당시 코르셋 드레스를 입고 있어 암살자가 자신을 칼로 찌른 것도 몰랐다고 한다. 코르셋이 워낙 조여 찔린 직후에는 출혈이 없었으나 배에 올라 코르셋을 벗는 순간 시작된 충혈로 "나한테 무슨 일이 일어난 거죠?"라는 말을 남기고 사망했다. 이 담화에 의구심은 생기지만.

130년 전 고종 황제가 오스트리아 황실에 선물한 『조선 황실의 갑옷과 투구』를 보고 묘한 감성이 섞였다. 이번 전시회로 한국과 오스트리아의 특별한 관계를 알게 되었다. 현재 지리적으로 먼 거리로 돈독한 관계로 이어가며 빈 필하모닉 오케스트라 내한 공연까지 열리며 교류를 확대해 나간다. 오스트리아가 더욱 마음적으로 가까워졌다. 6부까지 마련된 이번 전시회를 통해 오스트리아의 대역사와 예술에 대한 지식이 상승되는 기분이었다. 그리고 코로나로 하늘길이 막혀 여행에 대한 갈증을 나름 충족시킬 수 있었다. 나는 빈의 작가 슈테판 츠바이크의 『어제의 세계』의 찐 독자로서 그렇고 오스트리아를 빛낸 프로이트가 일곱 살 때까지 살았던 체코에 있는 생가를 방문했던 여행자로서 합스부르크의 걸작품에 마니아라고 자칭한다.

마지막으로 굿즈 숍을 둘러보는 재미도 쏠쏠했다. 몇 개 골라서 구매한 거 중 꽤 마음이 드는 것이 있다. 『마리아 테레지아에게 존경을

국립중앙박물관 전망대에서 바라 본 남산 타워

표하는 행렬』그림이 새겨진 매트인데 오스트리아 본국에서 제작된 상품이라 집에 와서 펼쳐 보니 더 가치가 느껴졌다. 관람 후 남산 타워가 어스름하게 보이는 옥상으로 올라가 렌즈 초점을 맞추며 부산 촌놈은 흡족했다.

마리아 테레지아에게 존경을 표하는 행렬 매트

외규장 의궤 전시회
: 백문이 불여일견

조선 왕조 500년의 국왕을 정점으로 오늘날까지 감히 근접할 수 없었던 의궤를 직접 볼 수 있다는 기대에 들뜨게 했다. 의궤는 왕궁의 공식적인 활동으로 곧 통치로 연결되어 의식의 모범이 되는 책이다. 특히 종묘와 사직에 지내는 제례와 같은 국가의 주요 행사 등을 주도

외규장 의궤

하며 그 과정을 담은 기록물이면서 왕권의 정통성과 위엄을 드러내고자 했던 의궤를 관람하게 되어 사대부가 된 양 걸음걸이가 정중해졌다.

10년 전 그러니까 145년 만에 프랑스 국립도서관의 의궤가 4차로 걸쳐 귀환의 끝으로 총 297책 전체가 한국에 들어왔다. 이번 국립중앙박물관에서 병인양요 당시 약탈당한 의궤의 귀환 10년을 기념하는 특별전이 마련되었다. 마침 합스부르크 600년 전시를 관람하러 온 길이라 더없이 좋았고, 2007년 유네스코 세계기록 유산으로 역사적인 문화 가치를 직접 접하게 되어 감개무량했다.

도입부터 차분한 분위기다. 우리 민족의 고유한 정신이 엄숙하게 전해졌다. 국왕이 친히 열람하는 어람용 의궤의 필체를 교과서로 봐 왔던 것을 원본으로 보니 조선의 품격이 뜨겁게 와닿았다. 조선시대 필체라 하면 한석봉과 김정희가 쌍벽을 이루었던 것으로 알려져 있지만, 의궤에 쓰인 글자는 획 하나하나가 정중하고 정갈하여 해서체로 마침 인쇄된 양 아래위 좌우 어디 한군데 비뚤어진 곳 없이 기품이 서려있다.

의궤의 크기도 도화지 8절지 만큼이나 되고 고급 초주지를 사용하여 천연연료로 곱게 그림을 그린 후 고급 비단과 놋쇠 물림으로 장정했는데 당대 최고의 도서 수준과 숭고한 고유성으로 품격이 있다. 내용이야 500년 궁궐 행사를 방대하게 담아 놓았으니 일일이 헤아리지 못하지만 의궤 자체의 위용과 중요성을 느끼는 데 의의를 두었다.

그밖에 수리 도감의궤, 영건도감 등등 장례는 대상에 따라 명칭과 규모가 달라 국장, 예장으로 나누어 절차에 대한 예장도감의궤로 아주 세밀하게 그려져 있다. 단종과 정순왕후의 복위 때 올린 시호(諡號) 금보를 보니 마음이 울컥해졌다. 문종의 아들로 어린 나이에 즉위하여 숙부인 수양대군에게 왕위를 빼앗겨 상왕이 된 인물이지 않은가. 그로 인해 단종 복위 운동을 하던 성삼문 등이 처형되고 서인으로 강등되어 결국 죽음을 맞이했던 역사적 아픔을 경건한 마음으로 잠시나마 헤아려 보았다.

다음은 민족의식이 느껴지는 궁중 악기이다. 조선 시대 종묘 제례로 대표되어 경축 행사로 국가와 왕실에 경사가 있을 때 쓰인 격조 높은 악기들을 확인할 수 있다.

국립중앙박물관 나선형 계단 내부

마지막 조선 왕조 500년이 저물고 대한제국 자주독립 국가임을 선포했던 고종의 어전. 외경에 찬 마음으로 조선의 역사를 다시 되새겨 보며, 부산에서 여명이 밝기 전에 열차를 타고 와서 백문이 불여일견으로 뜻깊은 관람으로 가슴 한가득 뿌듯함으로 찼다.

무라카미 다카시 전시회
: 무라카미 좀비

'좀비?' 뭐야 그 괴상망측한 시체 괴물이 아닌가?

전시회 제목에 호감이 가지 않았다. 작가 이름도 생경하다. 그랬던 것이 한 면에 빽빽하게 알록달록한 작은 꽃들이 미소를 짓고 있는 그 그림을 그린 작가란다. 금방 인지가 되었다. '아하 그 그림의 작가가 무라카미 다카시였구나.'

그는 일본의 대표적인 아티스트로 이번 전시는 대중에게 한 번도 공개된 적이 없었던 초기작을 포함해 회화, 대형 조각, 설치, 영상작품 등 최근 작품들을 소개한다. 일본 대중문화를 모티브로 국제적인 작가로 성장한 무라카미는 '무라카미 좀비'라는 메인타이틀 아래, 이번 전시를 통해 '좀비 미학'을 더해 보여준다. 동시대 인류의 불안을 상징하는 '좀비'는 영화, 웹툰, 캐릭터 등 다양한 형태로 확산되고 있다. 좀비는 '신자유주의'와 이에 기인한 현대인의 불안으로 해석되거나 기형적인 현대 문명의 상징적인 현상으로 분석되기도 하였다. 일본 대중문화 특히 만화가 가지고 있는 '귀여움' '기괴함' '덧없음'의 미학을 작품에 끌어들였던 작가는 여기에서 더 나아가 '좀비 미학'을 적극적으로 전개했다.

좀비, 서인도 제도 아이티 섬의 부두교 의식에서 유래된 것으로 살아있는 시체를 이르는 말로 서양에서는 오래전부터 예술인들이 끌어들였던 그로테스크와 같은 맥락으로 많은 작품을 남겼다. 아시아에서는 언제부터 도입을 했는지 모르지만 작가들의 시선으로 재구성되어 좀비는 우리 곁에 가까이 있게 되었다.

예술가들의 시선에는 공통점이 있다. 어떤 것을 보더라도 예리한 관찰력으로 탐색하고 재발견하여 예술의 영역으로 제각기 작품으로 탄생시킨다. 독보적인 창작을 발휘하는 건 자기 영역이다. 사물을 보며 영

감을 얻어 재구성하여 작품을 탄생되는 건 예술가의 능력이다. 무라카미 작가도 그렇게 작업 활동을 하고 있다고 한다. 그는 이미 뉴욕과 파리에서 전시회를 여러 번 개최하여 그의 작품성을 인증받고 있었단다. 세계적인 명품 로이비통과 약 12년간 협업하여 무라카미 손에서 재탄생한 루이비통의 모노그램은 귀여운 무늬로 다채로운 색감으로 기존 가지고 있던 묵직한 분위기를 탈피 시켰다. 지금은 단종되었다.

전시회는 '꽃' 시리즈로 시그니처가 되어 전체적인 분위기는 해맑은 미소가 특징적이었다. 신비한 배경에 이질적인 캐릭터이지만 하나같이 눈을 부각 시켜 귀여움과 익살스럽고, 기괴하지만 눈동자 안에는 인간의 내면세계가 내포되어 인간의 희로애락을 표현했다는 개인적인 감상평이다. 얼핏 보면 캐릭터에서 어린이들에게 국한된 작품 같지만 오히려 의미심장한 인생행로를 시사하는 진중함이 숨어 있는 것 같아 작가와 동년배이기도 하고 그런지 동질감을 공유하는 기분에 친밀해졌다. 작품을 보면서 어린아이가 되었다가 어른이 되었다가 왔다 갔다 하지만 전체적인 분위기는 흥미 요소가 되어 쾌활하고 맑다. 마지막으로 실제 사람 크기의 좀비가 디테일하다.

전시회 입구 전경

작품으로 자극적인 캐릭터는 관심을 주고 싶지 않아 그냥 지나치는 편인데 모형으로 만든 신체 구조가 어찌나 세밀하게 표현했던지 얼핏 보아도 소름이 돋았다. 그러나 내 머릿속에 꽃잎들의 해맑은 미소로 한가득했다.

이건희 컬렉션 특별전
: 위대한 여정

드디어 부산에서 전시한다. 서울에서 전시한다는 소식에 지방에 사는 사람으로서 매우 아쉬웠는데 부산에서도 나의 기대를 충족시킬 수 있겠다 싶어 설렜다. 고(故) 이건희 회장의 유족들은 생전 밝혀 왔던 고인의 뜻에 따라 수많은 미술품을 국공립 기관에 기증했다. 이건희 컬렉션은 상당한 미술사적, 미학적 의의를 지니고 있으며 이번 대규모 기증은 역사적인 가치로 상승하게 되었다. 소시민으로서 감동받으며 예술을 함께 향유할 수 있게 되어 경탄해 마지않았다. 그에다 관람료가 무료라고 하니 기득권에서 베푼 기회가 의미심장했다.

이번 전시회에 가장 기대하고 갔던 그림은 박수근의 『절구질하는 여인』과 『아이 업은 소녀』였다. 향토적인 소재로 정감 가는 따뜻한 마음을 느낄 수 있기 때문이다. 역시 작품을 바로 앞에서 보게 되면서 새롭게 알게 된

박수근 절구질 하는 여인

기법에 전율이 흘렀다. 그냥 캔버스에 유채인 줄 알고 있었는데 캔버스에 화강암을 떠올리게 하는 거친 마타에르를 화면에 옮겨 화풍을 구축했다. 『아이 업은 소녀』의 그림은 모방한 그림이지만 일명 몽실언니로 우리 집에 온 지 30년 정도 되었다. 그런 여담이 있기에 특별히 애정이 가는 작품이다. 애석하게 개인 소장이라 이 작품은 전시장에서 볼 수 없었다.

이인성의 『가을 어느 날』은 폴 고갱의 타히티를 보는 듯한 기분이 이 그림을 볼 때마다 든다. 어쨌든 그러니까, 이인성은 한국 전쟁 중(1950) 전쟁과 상관없이 지방 대구에서 술 취한 상태에서 경찰과 시비가

우리 집에 있는(일명) 몽실언니

붙어 경찰의 오발탄으로 어이없게 38세에 타계했다. 평소 얌전하다가 술을 마시면 주사가 심했다. 기막힌 비보에 또 다른 작가에겐 모티브가 되어 소설가 최인호는 어이없는 죽음을 두고, 절규에 가까운 글을 쏟아 냈다. 이 그림은 불과 22세에 그린 그림이라 하긴 시대적으로 급진적인 것 같다.

다음으로 이어지는 그림은 몇 년 전 전시회에서 관람했던 천경자의 작품이라 낯이 익었다. 『누가 울어 2』 그녀가 65세쯤 되던 때 미국 중서부 여행을 마치고 그린 작품이다. 이국적 정취가 물씬 풍기는데 제목은 대중 가수 배호의 노래를 좋아해서 영감받았다. 황소 하면 이중섭이고, 이중섭 하면 은화지로 알려져 있기도 한데 대표적인 황소 그림은 없었다. 이용우의 『삼고초려』는 유비가 제갈량을 세 번이나 찾아가 재상으로 모신 그 유래를 작품화 시켰다. 그래서 한국적인 풍 보다 중국풍이 느껴진다.

근현대미술계 대표적인 3대 화가라고 할 수 있는 박수근, 이중섭 그리고 김환기이다. 김환기 생가 『신안군 안좌도』를 찾기도 해서 개인적으로 인상이 깊게 남아 있다. 『산월』은 프랑스에서 본국으로 귀국하여 서울에서 활동하던 시기에 그린 작품이다. 작가는 한국의 전통적인 문양이 소재이자 자연 소재인 산, 나무, 구름, 달로 양식화하여 화폭에 배치하였다. 윤보 김기창은 근대 한국화의 거물로서 70년간 활발하게 활동했으며 어린 나이에 언어 장애를 딛고 산수, 인물, 화조, 풍속 등에 능하기도 했고 우리나라 지폐 만 원짜리에 세종대왕 어진을 그렸다는 사실을 벌교 문학기행을 가서 알게 되었다. 화가들은 각각의 방식으로 다양한 예술 세계를 표현했고, 그 중심에는 많은 사람들이 공감할 수 있는 미적 의식이 존재하고 있었다.

사람 욕심이 참 희한하다. 뮤지컬을 보는 날이면 한 달에 한 번쯤 봤으면 좋겠고, 미술관에 갔다 오면 또 욕심이 생긴다. 보고 싶고, 느끼고 싶고, 떠나고 싶고 것들이 내 안에 너무 많다.

PART 5

루브르 박물관
: 대작이 펼쳐지는 파리의 심장

르네상스적 레오나르도 다빈치 노트
: 융합 천재

벨베데레 궁전 상궁
: 시공간을 넘나드는 예술

『인생은 아름다워』 영화
: 유태인의 비애

『동물농장』 조지 오웰
: 정치 풍자의 알레고리

『러빙 빈센트』 영화
: 빈센트 반 고흐는 자살인가? 타살인가?

『빨강 머리 앤』 영화
: 마음에 불꽃을 품은 여자아이 앤

세계 최초 여성 여행가
: 이사벨라 버드 비숍 지리학자

아키요시다이
: 카르스트 대지에 숨 쉬는 지구와 생명

두바이 올드 수크(전통시장)과 전통 배(아브라)

루브르 박물관
: 대작이 펼쳐지는 파리의 심장

    샤를 드골 에트왈 역 근처에 숙소를 잡았다. 파리 중앙의 1구로부터 메트로 1, 2, 6호선 연결되는 RER 선이 만나는 교통의 중심지다. 샹젤리제 거리와 개선문을 걸어서 갈 정도 거리였다. 콩코드 광장까지 이어지며 아스라이 에펠탑까지 보이는 역세권이라 루브르 박물관 가는 메트로도 가깝다. 파리는 세기를 넘나드는 다양한 시대의 건축물과 수많은 예술가들이 모여 활동한 세계 예술의 중심지라 무작정 걸어도 좋다. 굳이 박물관이나 미술관에 가지 않아도 관심 가는 곳마다 예술과 낭만의 기운이 일렁거린다. 그래도 세계 3대 박물관으로 손꼽히는 루브르 박물관을 가기 위해 미리 한국에서 티켓을 준비하고 어젯밤 에너지를 비축 놓은 열정으로 루브르를 향했다.

루브르 박물관 인포메이션

구글 지도 앱이 효자다. GPS 지시에 따라 낯선 외국 땅에서 그다지 헤매지 않고 수월하게 갈 수 있게 해준다. 루브르 박물관 역으로 나오면 19세기 오스만 남작에 의해 재건된 화려한 건축물이 가득하다. 처음 보는 건물이지만 사진으로 익혀 둔 덕에 낯선 느낌보다 우월한 건물에 제압되는 기분이었다. 절대왕정이 무너지고 궁이 박물관으로 되었지만, 중세와 근대를 조합해 다시 우뚝 선 루브르 박물관은 귀족스럽다. 한복판에 유리 조각 666개가 만나 이루어낸 피라미드는 역사적으로 미학적 결과물이다. 이 피라미드 위로 달과 구름, 별들이 움직이며 반사되는 모습을 볼 수 있단다. 생각만 해도 기막힌 환상이다.

일찍부터 전 세계에서 찾아온 관람객으로 문전성시를 이룬다. 티켓을 예매해도 줄을 서서 들어가야 한다. 박물관 입구의 투명 유리 피라미드 아래로 내려가면 지하에 나폴레옹로 이어진다. 먼저 안내 센터에서 팸플릿을 받고 관람 동선을

유리 피라미드 지붕 아래 조각 전시장

체크하고 기대 반 설렘 반으로 관람이 시작되었다. 어리어리한 큰 규모로 수많은 소장품들을 미리 체크하고 가야 한다. 루브르에서는 사전 지식이 없이 작품을 보면 큰 의미가 없다. 너무 많은 작품이 있기에 봐도 나중에 제대로 기억에서 가물가물하고 체력도 따라 주지 않는다. 손꼽아 놓은 명작을 먼저 보기로 해도 쉬운 코스는 아니다.

전시관은 드농, 슐리, 리셜리관으로 나누어졌다. 루브르 박물관의 상징인 피라미드의 지붕 아래서 메소포타미아, 여러 세기 조각 작품들이 전시되어 있는데 중에 이집트의 『스핑크스』, 고대 그리스 최고의 『밀로의 비너스』와 『사모트라섬의 니케』를 내가 알고 있는 거만 관람하기로 했는데 진귀한 고대 유물을 지나칠 수 없어 시간 가는 줄 모른다.

무엇보다 지하 전시장에서 피라미드가 천장 역할과 동시에 바로 지붕이 되는 구조인 결정체에 놀라움을 금할 수 없었다. 이것만 봐도 루브르에 대한 큰 미련은 없을 것 같았다.

감동을 아껴 두고 마음이 급해졌다. 드농관에 전시된 레오나르도 다빈치의 작품 『모나리자』를 보기 위해 중세 시대 작품들은 눈요기로 그치고 그냥 지나쳐만 했다. 몇 번이나 두

루브르 박물관 전경

리번거리다 다빈치의 작품 중 『암굴의 성묘』, 『세례자 요한』 등을 가볍

게 감상하고, 그 맞은편 오른쪽 드농관 771관으로 들어가니 예상대로 관람객들이 모나리자를 둘러싸고 있다. 가슴이 뛰었다. 가까이에서 보려면 줄을 서야 한다.

레오나르도 다빈치〈모나리자〉

인류의 걸작으로 꼽히는 작품 『모나리자』을 직접 보는 것은 분명 행복한 호사다. 이탈리아 화가 레오나르도 다빈치가 그린 모나리자의 초상화는 그가 프랑수아 1세의 초청으로 이동하면서 함께 가지고 와서 프랑스에서 완성했다. 모나리자의 신비한 미소 속에서 루브르 박물관은 명화의 전당으로서 확실한 자리매김에 실감 났다. 나는 사람이 많이 모여서 작품을 제대로 못 볼 때는 오른쪽이나 왼쪽 끝으로 가서 다시 보는 편이다. 벅찬 감동을 잠시 누르고 마음에 여유가 생기자 드농관 같은 공간에 19세기 프랑스 회화 대형 작품들이 눈에 들어 왔다. 특히 외젠 들라크루아의 걸작 『민중을 이끄는 자유의 여신』은 중앙에 삼색기를 들고 군중을 선동하는 자유의 여인을 보며 프랑스의 혁명 속 민중의 아우성이 귓전을 울리는 것 같았다. 혁명 전투로 유혈이 낭자했다는 역사적 사실 앞에 가슴이 크게 고동쳤다.

과연 서양 예술의 뿌리를 이루는 작품들은 감동의 물결이다. 제대로 본 작품은 불과 몇 점밖에 없지만, 귀족들의 우월 근성에 동조 되는 기분으로 예술이 더욱 친근해졌다. 왠지 안목이 깊어지는 근거 없는 자부심이 생겼다. 뿌듯한 감동을 안고 박물관을 나왔다. 도로 건너 오스만 양식과 고전주의 양식으로 지어진 석조 건물들이 즐비하다 초현대식 투명 유리 피라미드 건축물을 배경 삼아 추억을 귀하게 새겼다. 웅장하고 거대한 분수가에 앉아 소진된 몸을 맡기며 파리의 심장인 루브르 박물관에 나의 작은 심장을 포갰다.

르네상스적 레오나르도 다빈치 노트
: 융합 천재

이탈리아 로마 근교에 위치한 공항 명칭이 레오나르도 다빈치 공항이다. 그만큼 이탈리아에서 위인으로서 칭송을 받는다. 그뿐만 아니라 세계 예술 애호가들에게도 각광을 받는 인물로써 위상이 높다. 그는 프랑스 왕 프랑수아 1세에게 높은 연금을 받기로 약속하고 늘그막에 로마를 떠나  프랑스의 루아르(Loire)의 이국 땅에서 새 삶을 시작했지만 3년 후 세상을 떠났다. 그의 유해는 생플로랑탱 수도원(프랑스)에 안치되었다. 그 후 프랑스 혁명 때 수도원이 파괴되면서 그의 유해는 인근 작은 예배당으로 이전된 것으로 알려졌다. 그러나 이는 추정일 뿐 다빈치의 유해 진위 여부는 아직 명확하게 가려지지 않았다고 한다.

거장 레오나르도는 이탈리아 피렌체의 예술가로서 전성기 르네상스 최고의 장인들 중 한 명이었다. 그야말로 융합 예인(藝人)으로서 화가이자 조각가였고, 건축가이자 공학자이면서 과학자였다. 또한 해부학 등등 다양한 분야로 종합화를 추구했다. 작품들의 3분의 2는 레오나르도가 살아있는 동안 완성되지 못한 채 미완성으로 남아서 그를 옥죄었다. 그가 너무 다양한 방면에 걸쳐 연구하는 바람에 자신의 힘을 헛되이 썼다는 이유로 비난받고 있기도 했다. 그렇지만 그의 예술적 창안과 과학적 발견은 중추를 이뤘다. 『모나리자』와 『최후의 만찬』으로 누리는 명성만으로 세계에서 가장 유명한 그림으로 진가를 인정받고 있음을 미술 애호가들은 동의한다. 레오나르도는 명실상부한 르네상스의 중심적 인물이다.

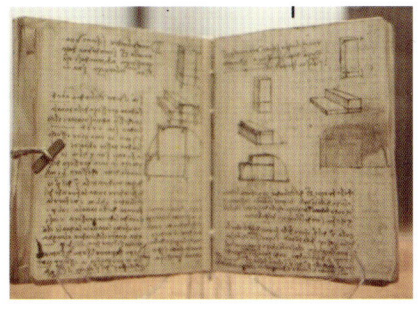

레오나르도 다빈치의 친필 노트

레오나르도가 다룬 여러 분야 중 그가 37세부터 약 30년간 쓴 7천 쪽이 넘는 『지구 종말의 환상』이라는 메모(노트)에 많은 관심을 가졌고, 그는 통찰력과 방대한 지식인으로서 자신이 생각해 낸 모든 주제에 스케치를 덧붙인 수천 장의 기록물을 남겼다.

 1994년 그의 36장짜리 노트가 빌 게이츠에게 350억 달러에 낙찰되었다. 빌 케이츠는 교육목적으로 이 노트를 번역해서 주석을 달아 공개했다. 친필 노트에 호기심이 발동하여 『레오나르도 다빈치 노트북』 책을 구입했다.

레오나르도 다 빈치 노트북

책이 두껍다. 편집자 서문도 매우 흥미롭다. "레오나르도는 왼손을 사용해 역방향으로 써 내려갔다"고 한다. 이러한 레오나르도만의 특징에 익숙하지 못한 사람은 "그의 악필을 이해할 수 없다."라고 했다. 역방향으로 씌어진 글을 읽는데 거울을 사용하는 것은 맨 처음 시도되는 실험적인 해독에는 어느 정도 도움이 되는 듯 보였지만 상당한 분량의 원고를 독해 하기란 쉽지 않았다고 했다. 필사본 목록을 훑어보았다. 크게 봐서 제1부는 미술론, 제2부는 문학론으로 나누어졌다. 책이 워낙 두꺼워서 순서를 바꿔 나의 관심사 문학론부터 읽기 시작했다. 그 중에 세부적으로 표기된 "무생물체에 관한 우화"를 읽어가며 1000분의 1밖에 그의 감성을 엿보지 않았는데 전율이 일어났다.

53 우화

어느 날 면도 칼이 보호대 역할을 해주던 칼집에서 나와 햇볕 아래 누워 자신의 몸 위에 반사되는 빛 큰 자부심을 느끼며 보게 되었다. 몸을 뒤집으며 면도 칼은 혼잣말로 되뇌기 시작했다. "내가 있던 이발소로 다시 되돌아가야 한단 말인가? 안될 말이야. 정말이지 이처럼 아름다운 몸이 그런 미천한 일을 할 수 없는 노릇이지. 거품으로 범벅이 된 시골 농부의 수염을 미는 그런 하찮은 일이야말로 얼마나 어리석은 것인가? 이 몸이 그런 일을 위해 생겼단 말인가? 물론 아니지. 어디 한적한 곳으로 몸을 숨겨 조용히 쉬면서 보내야겠다."

그 후 몇 달 동안 숨어 지낸 면도 칼이 어느 날 칼집 밖으로 나와 몸을 드러냈다. 그러나 면도 칼은 더 이상 화려한 햇볕을 비추지 못하는 마치 녹슨 톱같이 변해 버린 자신을 발견했다. 부질없는 후회 속에 돌이킬 수 없는 자신의 잘못을 한탄하며 면도 칼은 말했다. "이발소에 있었던 게 얼마나 좋았던가? 그처럼 정교하고 날카로웠던 내 잃어버린 칼날이여. 그토록 윤이 나던 몸은 어디로 갔단 말인가? 눈에 보이지 않는 이 성가신 녹에 당하고 말았구나."

이와 같은 일은 자신을 단련시키지 않고 게으름에 빠진 사람들에게 일어난다. 그들은 면도 칼과 같아 그들의 몸이 무지의 녹으로 망가지는 동안 마음의 명민함을 잃었다.

-P 510

이렇게 울림이 있는 우화는 처음이다. 정말 대단하다. 면도칼 하나로 이토록 철학적으로 풀어 낼 수 있는지. 이 밖에도 삶을 일깨워 주는 지침서 같은 내용들이 많이 기록 되어있다. 그의 천부적이 영감과 부단한 노력의 흔적을 읽다 보면 다빈치의 독보적인 사유에 슬금슬금 빠져들게 된다. 이 면도칼 우화 부분을 읽고 현재 내가 처해 있는 위치에 불만이 가득했던 것과 허영심이 찬 졸렬한 모습에 일침을 가했다. 이 책을 나의 머리맡에 두고 짬짬이 다 읽어 볼 요량이지만 너무 두꺼워 저서의 가치를 제대로 느낄 수 있을지 모르겠다.

벨베데레 궁전 상궁
: 시공간을 넘나드는 예술

벨베데리 국립미술관 전경

오스트리아의 벨베데레 궁전은 왕이 살던 곳이었지만 이곳은 고위 관리의 관저였다. 상궁과 하궁으로 나누어 졌다. 상궁은 국립미술관으로 19, 20세기 회화 작품들을 전시되어 있다. 1층은 대리석홀 Marmorsaal 이다. 상궁에서 가장 화려하고 호화스럽게 꾸며진 방으로 대리석과 적갈색의 금박 장식이 수놓아진 이 홀에서 4개 점령 국가들의 대표가 오스트리아 주 조약을 서명한 곳이다.

1층에 클림트의 대표작 『키스』와 에곤 쉴레의 『죽음과 여인』을 관람할 수 있다. 이 궁전은 오스트리아 합스부르크 왕가에서 궁전을 사들여 바로크 양식으로 건축되었다. 이 궁전은 시원하게 트인 넓은 정원이다. 이곳은 수세기에 걸쳐 수집한 식물과 '물의 향연'이라는 별명답게 어디서나 물소리의 경쾌함을 만끽할 수 있다. 궁전을 전시관으로 사용하고 있으니 하궁을 먼저 관람하고 정원을 통해 상궁으로 올라가는 정원은 이색적인 평온으로 별세계를 걷는 느낌이다.

빈을 대표하는 최고의 화가로서 이 도시를 빛낸 가장 화려한 색채를 자랑하는 구스타프 클림트의 작품은 기대와 흥의 대상이다. 예술가들의 삶이 대부분 기이한 위트가 있듯이 클림트 역시 예외는 아니다. 클림트를 둘러싼 여러 소동 중에서 가장 흥미로운 사건이 있다. 1898년에 제1회 분리주의 전시회 개회식이 열렸다. 오스트리아 정부는 '적절한 선'만 넘지 않으면 정부도 지원하겠다고 약속했다. 개회식에는 황제까지

참석하는 자리였다. 그에게는 엄청난 기회였다. 하지만 이 대회에는 문제가 하나 있었는데 바로 클림트가 만든 포스터였다. 그는 신화에 등장하는 영웅 테세우스를 젊은 예술가의 상징으로 그가 물리친 반인반수의 괴물 미노타우로스를 전통 예술가의 상징으로 표현한 포스터를 그렸다. 여기서도 그만 테세우스의 성기를 적나라하게 그렸던 것이다. 황제가 분리파 예술가에게 배려를 해준 상황에서 이런 포스터를 그대로 쓴다면 자칫 큰 문제가 될 수 있었다. 위기의 순간, 클림트는 기지를 발휘한다. 테세우스의 성기에 나무를 그려 넣은 것이다. 마침내 이 포스터는 검열을 통과한다. 제1회 분리주의 전시에는 방문객이 줄을 이었고, 대량의 작품들이 판매가 되어 전시회를 성공적으로 마쳤다.

빈에서 클림트의 인지도는 더욱 높아졌다. 클림트가 활동하던 시절 빈에는 지크문트 프로이트도 성을 새로이 조망하여 명성을 떨쳤다. 무엇보다 성을 감추고 억압하는 사회 분위기의 영향을 받았다. 당시 빈에 있던 사람들은 클림트라는 예술적 통로로 대리 충족되어 발현된 것이다.

어떤 작품이든 사전에 배경을 알고 작품을 보면 감동이 배가 되듯이 『키스』 작품에서 오랫동안 응시할 수 있었다. 20세기 초 황금 시기에 금박을 사용해서 화려한 황금빛을 띠는 그림을 제법 그렸다. 가장 사랑받는 그림이 연인의 입맞춤을 표현한

구스타프 클림프 『키스』 벨베데리 상궁 소장

『키스』이다. 오스트리아 국립미술관은 이 그림을 구입해서 한 번도 외부로 이동시킨 적이 없단다. 여기서 소장한 클림트 컬렉션 중에서 『키스』는 단연 독보적인 작품이다. 황금빛을 나타내기 위해 실제로 값비싼 금박을 아낌없이 사용했다. 흥미진진하다. 금세공 업자였던 아버지에게서 금박을 다루는 기술을 익혀 독특한 자신만의 화법으로 완성했다. 황금빛을 그림에 사용한 그의 절정의 시기를 클림트의 '황금시대'라고 하

여 『키스』는 그의 그 시절에 그린 가장 빛나는 그림이다. 실제 그림의 크기가 생각보다 엄청 커서 놀랐다. 무려 가로 세로 180cm 정사각형 형태의 대작이다. 금박 기법으로 그린 것이라 그림 앞에 압도된다. 화려한 장식과 금빛 색채가 압권이다. 클림트를 빈의 카사노바로 불러질 만큼 많은 여성들과 연분을 맺었다. 『키스』의 모델로 에밀리라는 여성으로 추정된다. 많은 여성과 관계를 맺었지만, 에밀리와는 정신적 사랑을 나눈 대표 인물이다. 에밀리는 클림트의 남동생 에른스트의 아내(헬레네 플뢰게), 즉 클림트의 제수씨의 여동생이었다. 클림트가 세상을 떠난 뒤에는 클림트의 사생아들에게 유산을 나누어 주는 일을 맡았다.

에곤 쉴레, 〈동네〉

그리고 클림트의 제자였던 에곤 쉴레 작품도 함께 전시되어 있다. 그의 그림은 강렬함과 애잔한 인상을 준다. 젊은 나이에 임신한 부인과 스페인 독감으로 요절한 작가이다. 그의 그림은 유독 누드 그림이 많다. 그림의 모델은 본인과 부인이다. 그걸 알고 감상하면 파격적으로 보이지 않는다. 그 밖에 『동네』 그림은 체코 체스키 크룸로프가 외가로 어릴 적 그곳을 그리워하면 그린 그림이다. 그곳은 중세 시대 건물로 마치 동화 속 마을이다. 멀리서 보면 책을 가지런히 꽂아 놓은 거 같다. 가까이에서 봐도 책 같아 보이는데 벽면에 창문은 명확하게 식별할 수 있다. 그림은 설명 없이 보면 작가의 의도와 상관없이 관람자의 몫이다. 이 그림 앞에서 나는 체코 체스키 크룸로프를 떠올리지 않을 수 없었다.

그날 체스키 크룸로프로 가는 길은 온통 잿빛 구름이 장막처럼 허공을 가로막고 있었다. 어렵사리 도착하여 밤늦게까지 비가 날카롭게 내려 꽂아 공포스러웠다. 결국 숙소 테라스에서 물이 넘쳐 실내까지 들어와

허겁지겁 짐 꾸러미를 다른 방으로 옮겨야 했다. 웃지 못할 기억으로 에곤 쉴레의 작품 『동네』에 이제부터 나의 체험과 동기부여가 되었다.

기대하고 있었던 『죽음과 여인』은 묘한 기분과 뭉클했다. 결혼하기 전 사랑했던 여인을 그린 작품인데 모델은 부인은 아니다. 운명이 참 얄궂다. 에곤 쉴레가 첫 전시회를 열기 직전 옛 여인은 병환으로 무지개다리를 훌쩍 넘어가고 말았다. 그 후 이 그림의 제목을 『죽음과 소녀』로 바꾸었다. 에곤 쉴레는 클림트의 제자로서 클림트가 1918년 스페인 독감으로 사망하고 그해 몇 개월 후 겨우 28살의 청춘에 스승의 길을 똑같은 스페인 독감으로 운명을 다했다. 사제 간에 죽음으로까지 연결된 인연이었다.

서양의 천장화는 또 하나의 예술을 표현할 수 있는 공간이다. 천장 가득 메운 옅은 색의 프레스코화 『오이겐 왕자의 승정』으로 붉은 대리석과 대조를 시켜 더욱 도드라져 보였다. 미술관에서 매번 느끼는 것인데 너무 많은 것을 보려고 욕심을 내면 에너지가 빠져 즐거운 관람이 고역이 될 수 있다. 미리 체크해 꽂히는 작품과 좋아하는 작품을 주로 감상했는데 어지간히 시간이 흘렀다. 마지막으로 굿즈 숍도 빼놓을 수 없는 코스다. 당연 금빛 작품인 클림트의 그림이 새겨진 거울 몇 개와 우산을 구입했다.

1층 전시관 천장화

「인생은 아름다워」 영화
: 유태인의 비애

우리는 예술과 문학을 통해 사물을 인식하고 삶을 바라보는 방법과 가르침을 받는다. 또 그것으로 인해 자취를 찾아 나서기도 한다. 흔적지를 떠나기 전 관련된 것들을 찾아보기도 하지만 마음에 꽂히는 장소를 리스트에 적어 두는 편이다. 여러 장소가 있겠지만 그중 제법 순위가 높은 것을 꼽자면 빼어난 비경과 예술성이 어우러져 낭만이 깃든 곳이다. 그러나 폴란드에 있는 그 악명 높은 아우슈비츠 강제수용소도 겨냥했다. 그곳은 오랜 기간 동안 주시하며 짬짬이 간접적으로 체감을 해 왔던 곳이기도 하다. 히틀러는 자기가 이해하기 어렵다는 이유로 현대 예술을 매우 증오 했었고, 단지 유태인이란 이유만으로 많은 유태인 출신 예술가, 인문학자, 과학자들을 박해했던 곳이다.

죽음의 수용소에서 책

나는 히틀러와 나치(나치라는 단어는 현재 독일에서는 모멸적인 단어로 통함) 만행을 대학 때, 흑백으로 된 '다큐멘터리를 통해 크나큰 충격을 받았다. 그 이후로 예술인들은 나치를 모티브를 해서 아프지만 기억해야 할 가장 비극적인 역사 중 하나로 남아 유태인 대학살 실체를 반영한 영화들을 만들어 냈다. "쉰들러 리스트〈1994〉" 시작하여 인생은 "아름다워〈1997〉, 피아니스트〈2003〉", 또한 의학박사와 철학 박사로 유태인이었던 "빅터 프랭클은『죽음의 수용소에서』"를 출판했다. 그는 나치의 강제 수용소에서 겪은 죽음 속에서 자아를 성찰하고 인간 존엄성의 위대함을 몸소 체험했던 것을 책으로 고스란히 풀어냈다.

내가 보고 읽었던 것을 토대로 하여 언젠가는 현장을 찾아갈 리스트를 꼽고 바르샤바를 행해 촉수를 세우고 있었다. 깊은 상처가 있었고 음산했던 그곳을 드디어 아우슈비츠를 찾았지만, 개인 관람자 입장 시간이 맞지 않아 애석하게 발길을 돌려야 했다. 어이없는 실수를 하고 다행히 이듬해 폴란드를 다시 방문할 기회를 갖게 되었다.

여행을 가기 전 정보를 알고 가면 보고 느끼는 감정의 범위가 넓어지기에 이렇게 사족이 길었다. 나열한 이 영화들을 어느 한 편이라도 숨죽여 응시하지 않을 수 없었다. 하지만 내 가슴에 오

인생은 아름다워 영화의 한 장면

래도록 깊이 아른거리는 영화를 꼽자면 『인생은 아름다워』이다. 우리나라 소설가 김첨지의 『운수 좋은 날』과 같은 맥락적인 반면에서 반전이다. 그러니까, 처음 이 영화를 본 것은 거의 33년 전이다. 세월의 골이 패인 추억의 영화로써 다시 보고 싶은 명화가 되어 내 속에 침잠해 있었다.

영화 『인생은 아름다워』는 제2차 세계대전이 시작되면서 유태인이라는 이유로 아버지(귀도)와 다섯 살 아들이 수용소로 끌려갔다. 그 소식을 들은 부인도 수용소를 향한 자발적으로 죽음의 기차를 타게 된다. 그 끔찍한 절망 속에서 귀도는 유쾌한 모습으로 아들(조수아)이 희망을 지닐 수 있도록 지켜 준다. 웃음 속에 슬픔을 끌어내는 역설적인 영화로 귀도는 조수아에게 처참하기 이를 데 없는 수용소 생활을 매사에 긍정적으로 아들을 안심시키기 위해 이 모든 상황은 게임이라고 설명한다. 어느 날, 미군이 침입한다는 소식에 귀도는 불안감에 싸여 아들을 작은 철제통 속에 숨겨 놓고 여자 수용소로 그의 아내를 찾으러 가다가 나치에게 붙잡히고 만다. 귀도는 나치에게 끌려가는 극적인 상황에서 숨겨 놓은 철제함 구멍으로 아들과 눈이 마주친다. 귀도는 마치 게임하는 것처럼 아들을 위하여 익살스러운 표정으로 안심 시켜 놓고 유쾌하게

PART 5 _ 107

걸으며 어디론가 끌려가 죽음을 맞이하게 된다.

  '탕' 하는 총소리로 귀도의 죽음을 알게 된다. 이 영화는 제목과 대조되는 수용소의 비극과 참혹한 현실이 두드러진다. 가슴에 총을 겨룬 나치에게 끌려가는 귀도의 뒷모습은 멍한 진동으로 퍼진다. '탕'…… .

「동물농장」 조지 오웰
: 정치 풍자의 알레고리

나른한 오후 햇살이 비스듬히 내려앉아 책과 책 사이 그늘로 경계선을 만든다. 슬며시 시선이 꽂혀 『동물농장』 책이 눈에 띄었다. 묵은 종이 냄새가 나는 얇은 책이다. 침묵의 시간 속에 잊고 있었던 내용들이 스멀스멀 꿈틀거렸다. 세상을 바라보는 눈이 지금보다 좁았을 때 읽었던 책이다. 그랬던 조지 오웰의 『동물농장』에 느닷없이 자석에 끌린 양해가 뉘엿뉘엿할 때까지 빠져 버렸다. 영화든 책이든 다시 보면 처음과 다른 시선으로 기대 이상 놓친 부분을 포착할 수 있어 재독의 묘미를 탐틱하게 된다.

전체주의 폭력성을 경고한 이 『동물농장』 소설은 동물로 의인화 시켜 작가의 경험을 통해 풍자한 책이다. 작가 조지 오웰은 자유를 억압하는 전체주의 정권의 폭력을 낱낱이 고발하고 평등을 주장했다. 사회주의 이념이 인간의 탐욕에 의해 어떻게 변질되는지 날카로운 시선으로 그려냈다. 또한 작가는 독재에 의해 자행되는 무분별한 권력 행위에 피해는 일반 대중뿐만 아니라 독재자 자신까지 포함된다는 것을 실감 나게 풀어놓았다.

이 소설은 어느 한 나라만 국한된 것이 아니라 전 세계에서 행해지고 있었던 권력의 타락에 대한 경고이자, 지식인 작가(조지 오웰)의 고뇌에 찬 목소리이었다. 『동물농장』을 읽다 보면 기가 막히게 경탄하게 된다. 인간에 맞서 동물들이

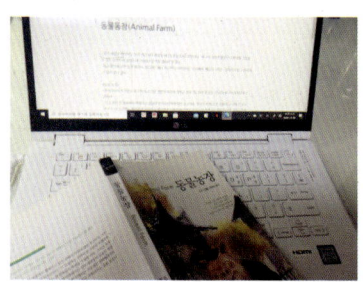

동물 농장 조지 오웰

혁명을 일으켜 원래 '메이너 농장(Manor Farm)'의 간판을 내리고 '동물농장(Animal Farm)'으로 떡 하니 바꾸어 건다. 동물들의 협동 아래 즐겁게 일하고 노력하면서 동물농장은 새로운 전기를 맞이한다.

동물 농장 우화 영화

처음 이상을 꿈꾸며 자유와 평등을 부르짖던 '혁명가' 돼지(나폴레옹)과 동지들은 점차 지배계급으로 변질되는 과정을 적나라하게 보여 준다. 독재자 나폴레옹(돼지)과 측근 지배자 스퀄러(돼지)는 급기야 손에 채찍을 들고 두 다리로 걷고, 인간처럼 옷을 입으며, 사람 행세를 한다. 묵묵히 일을 하던 복서(늙은 말)를 남몰래 도살자에게 팔아 넘기기까지 한다. 하물며 인간 농장주들마저 동물 농장의 '새롭고 효율적인' 착취 비법들을 자신의 농장에 도입하고 싶어 하며 술을 뇌물로 독재자 나폴레옹에게 바친다.

어느 날 인간과 돼지들이 같이 카드놀이를 하며 서로 내가 잘 했다는 둥 네가 잘못했다는 둥 제각기 술을 마셔가며 소리를 지른다. 이 진풍경을 밖에서 엿보고 있던 동물들은 인간과 돼지의 얼굴을 몇 번이고 번갈아 쳐다보지만, 어느 쪽이 인간이고, 어느 쪽이 돼지인지 분간할 수가 없다. 책은 그렇게 마무리 짓는다.

책을 다 읽고 여운이 남아 옛날에 원작을 영화(2000)로 제작했던 『동물농장』을 다시 찾아 봤다. 풍자 소설의 진수를 제대로 응시하며 느꼈던 그 전율이 고스란히 전해졌다. 대개 원작을 가지고 영화로 만들면 책 내용을 고스란히 담지 못해 의미 전달이 제대로 되지 않는다. 감독 존 스티븐슨가(미국) 제작한 이 영화는 등장 캐릭터들을 애니메이션이 아니라 직접 가축들을 등장해 생생하고 디테일한 장면으로 실감나게 제작했다. 내용도 원작 그대로 담아 명쾌하게 전달해 준다.

「러빙 빈센트」 영화
: 빈센트 반 고흐는 자살인가? 타살인가?

이 영화는 107명의 화가가 10년간 6만여 개의 프레임을 일일이 그려서 만든 영화이다. 유화 애니메이션으로 반 고흐의 명화 속 인물이 출연자가 되어 오프닝은 '별이 빛나는 밤'으로 시작해서 그의 작품이 배경으로 이어져 스토리가

별이 빛나는 밤

전개된다. 독특한 착상이 낯설다. 낯설어서 더 창의적이다. 빛의 향연과 눈에 익은 명작들로 펼쳐지는 생동감은 친밀감으로 끌어들인다.

동생 테오와 주고받았던 예술적 혼이 실린 책을 통해 반 고흐의 그림과 일생을 알고 이 영화를 보니 고흐에게 두근거리는 마음으로 바짝 다가갔다. 내 속에 비축해 두었던 반 고흐에 대한 정념이 고결하게 유화가 되어 번지는 듯했다. 영화는 그의 사후 1년, 동생 테오의 편지를 배달했던 우체부의 아들이 반 고흐가 남긴 편지를 들고 수신인 동생 테오를 찾아서 떠나는 여정으로 시작한다. 조셉 룰랭 우편배달부는 고흐와 아주 친밀한 관계였다. 아르망은 빈 고흐의 소식을 전하기 위해 빈 고흐가 마지막 머물렀던 파리 근교 오베르쉬르우아즈를 향해 간다.

우편배달부 조셉 룰랭과 아르망은 아버지와 아들 관계로 반 고흐의 모델이 되었던 실존 인물들이다. 거기서 아르망은 반 고흐에 대한 사실들을 알게 되고 반 고흐의 마지막 흔적을 찾아다닌다. 그의 죽음 이면에 얽힌 미스터리를 추적하며 타살일까? 자살일까? 반 고흐는 어떻게

죽었을까? 사실 아무도 모른다. 많은 학자들은 자살했다고만 한다. 결론은 고흐의 마지막 편지의 한 구절로 그의 삶을 대변한다.

"대부분의 사람들 눈에 나는 무엇일까?"
아무도 아니다.
별 볼 일 없고 유쾌하지 않은 사람.
전에도 그렇고 앞으로도 절대 사회적 지위를 가질 수 없는 사람.
짧게 말해 바닥의 바닥.
이 모든 얘기가 진실이라고 해도,
언젠가는 내 작품을 선보이고 싶다.
이 보잘것없고 별 볼 일 없는 내가 마음에 품은 것들을.

난 내 예술로 사람들을 어루만지고 싶다.
그들이 이렇게 말하길 바란다.
'마음이 깊은 사람이구나'
'마음이 따뜻한 사람이구나'

까마귀가 나는 밀밭

반 고흐는 누구보다도 속이 깊고 다정다감한 사람이었다. 외로움을 잘 타서 까마귀가 자기 음식을 쪼아 먹어도 함께 나눌 먹을 만큼 가슴이 따뜻한 사람이었다. 『까마귀가 나는 밀밭』을 보면 마음이 찡해진다. 반 고흐, 그가 묵었던 한 평도 안 될 것 같은 작은방에서 이틀 동안 자기 가슴에 총을 쏜 상처 부위를 움켜쥐고 피를 흘리면서 사경을 헤맸다. 끝내 테오의 손을 잡고 숨을 거두는 장면은 명치끝을 아리게 했다. 엔딩에서 고흐의 그림에 영감을 받아 그에 대한 헌정 곡으로 만들었던 『Starry Starry Night』이 감성을 에워싸며 흘러나온다. 너무나 절박해서 더는 삶에 미련을 둘 수가 없었던 반 고흐의 흔적은 옹이가 되어 가슴을 먹먹하게 한다.

『빨간 머리 앤』 영화
: 마음에 불꽃을 품은 여자아이 앤

　내가 가르치는 학생 중 한 녀석이 빨간 머리 앤을 닮았다. 머리가 명석해 공부도 곧잘 하는 편이고 톡톡 튀는 수다가 예사롭지 않다. 드러내는 감성이 결코 가볍지 않고 무겁지도 않으니 신념이 차 보인다. 가끔은 그 애의 수다가 성가시지만 눈꼬리에 미소는 감추지 못한다. '훌륭한 선생은 좋은 안내자로서 미래의 초석이 될 수 있도록 성심 성의껏 도와주어야 한다.'라는 스테이시 선생님(앤의 선생님)의 대사를 되새겨 보게 된다. 스테이시 선생님은 모든 학생들에게 진정한 인격체를 갖춘 사람이다.

　나는 영화보다 책을 선호하는 편이다. 그런데 어쩌다 빨강 머리 앤 드라마에 쏙 빠지게 되었다. 캐나다의 아름다운 프린스 에드워드 섬을 배경으로 한 영상미에 눈을 뗄 수 없을 정도로 몰입도를 높인다. 작가 루시 모드 몽고메리는 주근깨투성이고 빼빼 마른 빨강 머리 앤을 통해 자전적 성향을 반영하여 작가의 상상력이 녹아든 훌륭한 영감을 쏟아냈다. 원작은 1908년 발표한 아동소설이자 가정소설이다.

　앤 셜리는 한적한 시골 마을 에이번리의 한 독신 가정, 나이가 지긋이 든 오누이 초록지붕 집으로 빨강 머리 앤은 입양된다. 말괄량이 앤은 가끔 실수를 저질러 주위를 당황스럽게 하지만 결코 부박하지 않다. 풍부한 상상력과 언어의 연금술사로 삶의 진리를 거부하지 않는 뚝심 있는 아이다. 때로는 진리가 어긋나서 좌절하기도 하지만 그 난관들은 약이

빨강 머리 앤 영화

루시 모드 몽고메리
(Lucy Maud Montgomery)

되어 삶에서 교차되는 희로애락을 통찰해 나간다.

딸네가 캐나다 남동부에 있는 온타리오 주로 주재원으로 떠났다. 서로 그리워하며 애달프 할 것을 생각하면 벌써부터 눈물이 괸다. 빨강 머리 앤의 배경지와 작가가 고향인 프린스 에드워드 섬은 동부 끝자락에 있다. 딸네 집에 방문하게 되면 그쪽으로 갈 가능성이 영 없지는 않으니 마냥 울적해 하지 않아도 될 성싶다.

내일은 항상 흠이 없는 도화지이다.
꿈꾸는 사람이 세상을 바꾼다.
호기심 많은 사람이 앞으로 나아간다.
그 너머 길이 궁금해요. 어떤 푸른 영광과 부드러운 빛과 그림자...
어떤 새로운 풍경...
어떤 새로운 아름다움...
어떤 굴곡과 언덕과 골짜기가 있을지.

내 손녀한테 선물 해주고 싶었던 책인데 거기 가서 원본으로 읽을 수 있겠다 싶다. 앤은 상상하며 내뱉는 언어들이 생기발랄하다. 또한 진실 앞에 저항의 언어들을 쏟아내고, 절망 앞에서는 희망의 메시지로 마음을 다져가는 어린아이 앤에게 무한히 자극을 받는다. 초록이 넘실대는 초원과 온통 눈으로 덮인 풍경에 빠져 눈이 즐겁다. 그 에다 등장인물들의 심리묘사까지 완벽하게 전개되는 과정에 밤 깊도록 몇 편을 몰아서 보게 된다. 그런데 어디서 본 듯한 대사가 생뚱맞게 뇌리를 스쳤다.

'진리가 널 자유롭게 한다.'

　아우슈비츠 수용소 입구에 걸려 있던 《노동이 자유롭게 하리라》 문구가 퍼뜩 떠올랐다. 아리스토텔레스는 예술은 모방에서부터 시작한다고 했다. 몽고메리는 성서에서 "진리가 너희를 자유케 하리라."라는 문구를 문학 작품으로 녹여 재탄생 시키고 히틀러는 악명 높은 문구로 최대의 오만을 남겼다.
　앤은 무뚝뚝한 남매의 메마른 일생에 생기를 불어넣어 주고, 매슈에게 따뜻한 황혼의 기쁨을 주고 마릴라에겐 잔잔한 모성애를 불러일으켰다. 이들은 서로에게 마음 깊은 곳을 쓰다듬고 가족이라는 구성을 만들어 간다. 가족은 무게가 같은 감정을 가지고 있다. 같이 울어주고, 같이 웃어주고, 같이 화내 주고, 같이 비를 맞고, 젖은 부분을 묵묵히 말려 준다. 이 드라마가 주는 메시지는 한결같이 보듬어 주며 사랑과 가족은 태어난 것이 아니라 만들어지는 것이라는 무한한 깨달음을 준다.

세계 최초 여성 여행가
: 이사벨라 버드 비숍 지리학자

여행, 정형화된 여행의 본질에서 벗어나 각자 자신만의 방식이 있다. 흔히 자신을 찾기 위해 여행을 한다고 한다. 나는 현실에서 잠시나마 벗어나서 나를 잊고 그 속에 오롯이 빠지는 여행 방식을 선호한다. 그러기 위해 사전에 여행지에 대한 배경을 알아보고 섭렵해서 떠나는 편이다. 미리 정보를 알고 간다고 해도 갔다 오면 아쉬운 부분이 꼭 남는다. 어떤 방식이든 여행이라는 자체는 설레게 하고 막연한 기대감을 안고 새로이 발견하는 기쁨이 있다.

나는 여정을 꼼꼼히 챙기는 편이다. 다소 스스로 피곤한 스타일이다. 그래도 내 성향에 맞는 방식을 택해야 아쉬움이 덜하다. 요즘 누구나 쉽게 떠날 수 있고 유행처럼 여기저기서 유혹하는 추세이지만 우리는 여행을 통해 무엇을 얻어 왔고 어떻게 나를 변화시켰는지 진지하게 생각해 본다. 막대한 경비와 시간을 내서 하는 여행을 그저 남 따라 덜레덜레 갔다가 무엇을 보았는지 모를 어설픈 여행이 되는 건 곤란하다. 어떤 특별한 업적은 남기지 못하더라도 낯선 것을 발견하는 희열로 좀 더 안목을 넓혀 변화된 내가 되고 싶다.

이사벨라 버드 비숍

출근길 라디오에서 우연히 이사벨라 버드 비숍 세계 최초 여성 여행가를 알게 되었다. 귀가 쫑긋해졌다. 기억으로 메모 해뒀다. 자료를 찾아봤다. 이사벨라 버드 비숍은 1831년 영국 잉글랜드 출신의 지리학자로서 세계 여행을 19세기 시

대적으로 어려운 기행을 과감히 해냈다.(당시 67세) 목사인 아버지의 영향으로 어려서부터 독실한 기독교인이었다. 사촌들이 선교사였기 때문에 어린 나이에 외국에 관한 견문을 넓혔다.

그녀는 어려서부터 병약하여 척추질환, 불면증, 무력감 등으로 편안하지 못했다. 몸이 늘 허약하고 정신 질환 때문에 의사는 장기 선박 여행을 권유하였으며, 이를 계기로 그녀의 일생은 역마살이 낀 사람처럼 세계를 돌아다니게 되었다. 그녀는 캐나다와 북미를 여행하면서 기행문으로 책을 처음 발간하고 여행과 글로 본업처럼 여기게 되었다. 그 밖에 뉴질랜드, 하와이에서 미국으로 건너가 로키산맥 등을 여행했다. 1887년 50세의 나이로 10살 연하인 주치의 존 비숍 박사와 결혼하였으나 5년 후 남편이 세상을 떠났다. 그 계기로 의학을 배우고 선교사가 되어 다시 길을 떠났다. 고령의 나이로 티베트와 인도의 라다크, 페르시아와 쿠르디스탄의 사막을 여행하고, 이 여행으로 인해 그녀는 유명해지게 되어 1892년 여자로서 처음으로 영국 왕립 지리학 협회의 회원이 되었다. 그녀는 조선에 관한 책을 쓰기 위해 청일 전쟁이 일어난 1894년부터 1897년까지 네 차례 조선을 방문해 11개월이나 현지 답사를 했다. 당시 그녀의 나이가 67세였다. 「한국과 그 이웃 나라들」 조선 견문을 바탕으로 기록한 책이다.

한국과 그 이웃 나라들 책표지

이 여성 정말 멋지다. 최초 여성 여행가로서 관심을 가질 수 있지만 그 시절 우리나라와 밀접한 체험을 한 사람으로 여행을 좋아하는 나로선 관심의 요지가 된다. 정말 놀랍다. 이 여행가에 비하면 나는 아직 나이 측면과 편리한 조건을 갖춘 21세기에 무엇을 망설이고 있느냐는

듯 일침을 가하는 듯하다.

비숍은 조선시대 당시 민중의 삶과 시대적 현상을 살펴보았다. 자신이 저명한 지리학자라는 사실을 이용해 궁궐에도 자유롭게 출입할 수 있었다. 고종이 가장 친하게 사귄 외국인 가운데 한 사람이 바로 비숍이다. 비숍은 빈대와 벼룩이 들끓는 주막에 묵으며 조선 백성의 참상을 생생하게 기록했다. 평안도에서 얼어 죽을 뻔한 적도 있었고 청일 전쟁이 일어난 직후에는 거지나 다름없는 만주를 헤매기도 했다.

부산에 도착한 비숍은 "조선인들이 사는 부산의 구시가지는 비참한 장소였다."라고 묘사했다. 부산항 주변의 일본인 거리에 대해서는 "영사관, 은행, 영국식, 일본식 상점, 다양한 주택 등이 들어서 있는 넓은 거리가 언덕과 바다 사이에서 아름답게 펼쳐진다."라고 표현하기도 했다. 이사벨라 버드 비숍은 한국을 기행하고 조선의 사회 곳곳을 훑어 그 면면을 기록한 역사서라 할 수 있는 기행문을 출간하여 당시 영국 출판계의 베스트셀러가 되었다.

알수록 놀랍다. 19세기 시대적으로 모든 것이 열악했는데 대양을 건너서 해외를 다닌다는 것을 엄두도 낼 수 없다. 그 에다 여성의 몸으로 어떻게 배를 타고 여러 나라를 그렇게 탐험했는지 상상조차 가지 않는다. 21세기 지금은 그야말로 쏟아지는 정보화 시대에 여행지를 정하고 인터넷으로 여행 코스를 검색해서 일정표를 짜고, 비행기 표를 예매하고 앱으로 여행지 숙소도 세계 곳곳을 앉아서 편리하게 골라 예매해서 떠날 수 있다. 그 또한 만만한 것은 아니다. 여행을 늘 꿈꾸며 경계 너머 낯선 풍경을 흠모하는 나에게 용기인지 부추김인지 모르겠다.

아키요시다이
: 카르스트 대지에 숨 쉬는 지구와 생명

　부산에서 시모노세키로 가는 부관페리를 이용해서 느긋하게 출발했다. 대마도를 가려면 배편밖에 없지만 일본 다른 지역을 이렇게 배를 타고 여행을 간다는 건 생각조차 하지 못했는데 우연히 기회를 갖게 되었다. 가성비 좋고 시간 활용도까지 마음에 들었다. 2인실을 예매하려고 했는데 이미 매진이라 다인실로 선택의 의지 없이 모험하는 셈 치고 예매했는데 오히려 다양한 체험으로 만족스러웠다. 공중목욕탕까지 있어 편리했다. 배 시간은 하루에 한 번으로 밤에 승선해서 아침에 시모노세키항에 도착한다. 날씨까지 받쳐 줘서 배를 탔는지 모를 정도로 편안하게 자고 일어나니 선착장에 도착했다.
　시모노세키에서 차로 한 시간 거리에 야마구치의 아키요시다이가 있다. 오랜 세월 무려 3억 5천만 년을 걸쳐 탄생한 일본 최대의 카르스트 대지로 지형 약 4,500ha의 크기다. 그중에서 약 1,380ha를 국가 특별 천연기념물로 지정되어 있다. 지구에 의해 만들어진 이곳은 웅장하고 태곳적부터 쭉 남겨진 것 같았다. 카르스트 대지를 이렇게 직접 본 건 처음이었다. 녹음으로 뒤덮인 완만한 구릉에 하얀 석회암이 양 떼처럼 펼쳐져 있다. 이곳은 일본 국정공원으로 태고의 남쪽 바다에 살던 산호초였단다. 먼바다의 산호초가 어떻게 지금 카르스트 대지가 되었는지 몹시 의아했다. 마침 일본 초등학생들이 학교에서 견학을 왔다. 초롱초롱한 학생들은 모두들 교복 차림으로 단정하고 검소하게 보였다. 교복으로는 분별되지 않지만, 신발을 보면 알 수 있듯. 하나같이 브랜드를 신은 학생은 찾아볼 수 없고 통일된 학생화를 신고 있어 보기 좋았다. 학생들에게 체험 학습장으로 인지도가 높다.
　참, 초입에 들어서면 감귤로 만든 새콤달달한 아이스크림 가게가 있

다. 아키요시다의 명물이다. 입을 즐겁게 하고 경이롭게 펼쳐지는 진경은 꿈결 같았다. 억겁의 세월이 빚은 대자연은 숭고하기까지 하다. 초원 여기저기에 흩어져 있는 하얀 돌은 석회암이다. 따뜻한 바다에서 서식하던 산호 등이 겹겹이 쌓여 굳어진 것이라니 눈으로 직접 보고도 믿을 수 없을 만큼 신비했다. 이 산호는 〈플레이트〉라는 지구 표면을 움직이는 돌 위에 성장한 것으로 약 8천만 년의 긴 세월에 걸쳐, 대륙으로 이동하였단다. 자연의 힘이 얼마나 위대한 지 새로운 호기심이 생긴다.

운반된 석회암은 다양한 바위와 섞이면서 대륙 쪽에 붙었다. 이렇게 붙어버린 바위는 〈부가체〉라고 하며, 아키요시다이뿐만 아니라, 일본열도의 골격을 이루고 있단다.

전망대에서 바라 본 아키요시다이의 장관은 대자연이 만들어낸 신묘한 선물이다. 이 신비로운 풍경은 현실을 초월해 선사시대 자연 속에 들어 온 같이 몽환적이다. 와지(움푹 팬 땅)가 곳곳에 있고, 운석이 떨어진 것인지? 너무 신비스러워 마치 꿈을 꾸는 것 같았다. 내가 찾은 시점은 초여름이다. 녹음 짙은 아름다운 대자연을 누리며 계절마다 지니는 특징이 궁금해졌다.

한 가지 덧붙이면 이곳은 사람들의 손에 의해 의지 되고 있는 2차적 자연이라는 점이다. 지역 주민들의 평소 노력에 의해 아름다운 초원이 보존되고 있는 것이다. 이 빛나는 초원에서 산책을 즐기거나 식물 관찰, 별 관측을 하며 자연을 만끽할 수 있게 조정되었다. 전망대와 카페에서 풍경을 감상하거나 아키요시다이를 남북으로 통과하는 카르스트 로드에서 차량이든, 오토바이 혹은 자전거로 질주할 수 있게 해 놓았다.

렌트 자전거도 준비되어 있다니 라이딩을 즐기는 사람에게 얼마나 멋진 코스일까? 초원 사이 구불구불 나 있는 이 도로에서 차를 몰고 달리고 싶어졌다. 마침 굽어진 도로를 버스 한 대가 자연을 누비고 뉘엿뉘엿 고개 넘어 오고 있다. 매년 2월 3번째 월요일, 초원을 유지하기

위해 지역 주민들이 아키요시다이의 일부에 불을 놓아 태우기도 한단다. 여름을 넘기기 전 다시 찾아와 하늘에서 쏟아지는 별이 180도의 파노라마로 펼쳐진다는데 생각만 해도 황홀해 진다. 별 보러 몽골로 갈까 싶었는데 이러한 진풍경을 누워서 제대로 볼 수 있다니 방향을 틀어야 하나?

아키요시다이 카르스트 전경

두바이 올드 수크(전통시장)과 전통 배(아브라)

두바이 시내에서 화려했던 건물로 여정을 꾸렸다면, 이번 코스는 두바이의 구시가지인 크릭으로 역사와 전통문화를 보존하며 계승하고 있는 올드수크를 방문했다. 올드수크를 가려면 크릭(운하)을 가로질러 가야 한다. 전통 배(아브라)를 타고 크릭을 건너 간다. 배 요금이라는 단어보다 뱃삯이라는 단어가 훨씬 정겹고 어울린다. 두바이는 물가가 대체로 비싼 편이라 뱃삯이 2디르함(한화 700원 정도)이니 정이 가는 뱃삯이라고 하고 싶다. 아브라는 일명 수상 택시이다. 한 척에 20명이 승선할 수 있고, 승선 소요시간은 대략 10분 정도이다. 아브라 가운데 긴 나무의자 하나로 서로 등을 마주하며 앉아 간다.

두바이의 젖줄이었던 이곳은 최초의 항구가 들어서 진주잡이 산업이 성행했다. 여전히 삶의 현장으로 분주하고 전통 항구로서 수많은 사연들을 실어 나른다. 현지인들의 애잔함과 여행객들의 행복 한 조각이 엉켜 짧은 사유로 버무려진다. 올드수크는 전통시장이라고 하지만 정식 메인은 아랍에미리트의 역사와 전통문화를 연결하는 곳이다. 시장 입구에 들어서면 두바이의 문화가 물씬 난다. 차분한 무게 감으로 19세기 중반부터 1970년까지 전통 생활 방식을 즐길 수 있는 기회를 제공해 준다.

전통 건축 양식으로 심플하면서 돌, 흙, 산호, 모래 등으로 섞어 건축 자재로 지었다. 건물은 서로 가까이 지어졌다. 겨울이 없는 나라라 건물 사이사이로 시원한 바람을 통과하게끔 설계했고, 특이한 건 건물 꼭대기 벽면에 막대기가 듬성듬성 옆구리를 찔러 놓은 듯 꽂혀 있어 뜬금없이 보인다. 쓰윽 흘려 보는 것과 호기심을 가지고 여행하는 것은 차원이 다르듯이 여행할 때 '호기심을 가지는 것만큼 보인다.'라는 말에 희열을 느끼면서 새롭게 알게 된 것이다. 그건 윈드타워라고 하는데

갇힌 공기가 건물 아래로 향하도록 도관 역할을 한다. 타워 벽 구멍을 통해 들어온 더운 바람이 건물 아래에 저장된 물을 만나 차가운 공기로 변해 건물 전체를 시원하게 해준다. 윈드타워는 일종의 천연 에어컨 역할을 한다. 고온 건조한 사막 기후를 극복하기 위한 두바이인의 건축의 지혜이다.

올드수크 전통 시장이라 하긴 보다 풍부한 문화적 공간으로 자연의 심미적인 이미지를 품고 있다. 문화 예술품과 현재 스튜디오로 활동을 하고 있으며, 문화 센터와 에미리트의 헤링이지에 뿌리인 듯 호텔과 레스토랑까지 갖추어져 있다. 아주 흥미롭다. 상인들은 우리를 보고 중국인지 한국인지 몰라 먼저 무조건 '마담, 니하오!, 마담, 안녕하세요!'로 환영한다. '노 노, 안녕하세요.'라고 응답해 주면 호객 행위가 시작된다. 물건을 사려면 무조건 흥정을 잘하면 바가지요금은 아니다. 서로 기분 좋게 원하는 물건을 살 수 있다. 상품들은 다양하지만, 고대 유물 같은 것에 더 호기심이 갔다.

아무리 봐도 예사롭지 않게 보였다. 신비스럽고 예술성이 짙은 제품에 푹 빠져 아랍의 숨어 있었던 예술을 엿보듯 했다. 황홀한 울림으로 사고 싶은 것들이 수두룩했지만, 유물 같은 것은 구매를 하지 못하고 마음에 담아 오기로 그쳤다. 대신 핸드메이드인 쿠션 커버 세 장으로 대리만족하기로 했다. 이 쿠션은 손으로 한 올 한 올 문양과 바탕까지 꼼꼼하게 자수를 놓아 장인의 솜씨 같다. 두바이에서는 강아지보다 고양이를 더 선호한다. 고양이

올드수크 전통 유물들은 문화적 가치가 충분했다.

의 특성을 살린 거 2장과 아랍에미리트 심벌의 꽃 문양이 새겨진 것으로 골라 흔쾌히 샀다.

어느 나라든 전통의상은 나라의 고유성과 정체성을 나타내는 소중한 유산이다. 아랍 전통 옷도 그러하듯 관심이 쏠렸다. 전통의상인 칸도라와 아바야는 중동의 수 세기 동안 전해져 온 그들만의 고유 의상이다. 칸도라는 남성들이 입는 드레스로 심플하고 일반적으로 흰색이다. 아바야는 여성들이 입는 드레스 형태로 장식이 화려하다. 복잡한 자수와 꾸뒤를 장식하여 매우 아름답다. 색상은 대개 검은색이지만 다양한 색상도 눈에 띈다. 지역의 역사과 문화적 가치를 가지고 올드수크에서 전통 옷을 판매하고 있다. 이곳은 의외로 한산해서 두바이의 전통 문화를 제대로 담을 수 있어 사진 찍기에 상당히 매력적이다. 이방인에겐 전통 옷을 판매하는 것보다 대여를 해 준다면 효율성이 높을 것 같았다. 대여가 가능하다면 더 많은 사람에게 친밀하게 문화를 접할 것이고 의미 전달이 부각되지 않을까 싶었다.

PART 6

프랑스 에트르타와 옹플뢰르
: 인상파 화가들과 문학인들의 영감을 받다.

『빈센트 반 고흐』 1~3
: 영혼의 편지
생전 작품 한 점 판 적이 없다고?
존재를 알린 제수씨(반 고흐 동생 테오의 부인)

『빈센트 반 고흐』 4
: 사이프러스를 통해 작품을 엿보다.

수선화
: 정호승의 수선화에게

양귀비꽃
: 클로드 모네의 『초여름 양귀비의 들판』

찰나의 시간 카이로스와 정의의 여신 유스티티아

프랑스 에트르타(Etretat)와 옹플뢰르(Honfleur)
: 인상파 화가들과 문학인들의 영감을 받다.

몽 셸 미셸을 가는 길에 들렀다. 에트르타 노르망디 지역의 해안 도시이다. 백사장이 아닌 하얀 자갈이 깔린 알 바크르 해안(Cote d'Albatre)을 끼고 있는 팔레스 다발과 자몽 절벽이 아름답기로 유명하다. 19세기 이전까지만 해도 한적한 어촌 마을에 불과했다. 이곳은 에메랄드빛 바다에 잠긴 코끼리 바위의 풍경이 장관이다. 낯설지 않다. 사진으로 익숙한 곳이기 때문이다. 루앙과 지베르니가 오롯이 모네의 도시라면 에트르타와 옹플뢰르는 인상파 화가들과 문학인에게 영감을 주었던 곳이다. 그래서 예술인의 항구 도시라 해도 과언이 아니다. 인상파의 기원이 된 모네의 역사적인 작품인 『해돋이』가 옹플뢰르의 앞바다의 배경이고 『에트르타의 거친 바다』는 모네가 1864년부터 1886년까지 에트르타를 무려 일곱 차례의 방문 끝에 만들어 낸 수작이다. 또 쿠르베의 『폭풍우가 지나간 에트르타 절벽』과 앙리 마티스도 영감을 받았고 문학인 기 드 모파상과 『노트르 담의 곱추』와 『레 미제라블』로 가까워진 빅 토르 위고를 비롯한 많은 예술가들에게 사랑을 받아 세상에 알려졌다.

망망대해를 바라 보며 굽이 굽이 지구 반대편까지 와 있는 나는 어떤 영감을 받아 내 삶에 영향을 미칠까 골똘히 생각 해 보았다. 범부에게 뾰족한 묘수는 떠오르지 않았다. 그저 감탄만 연거푸 뿜어내며 배포만 키운 것 같다.

또 옹플뢰르는 15세기 백년전쟁 당시 요새의 거점이었던 곳이다. 지

금은 평화롭고 그림 같은 항구로 여행자에게도 사랑을 많이 받고 있다. 어떤 이에게는 예술의 경지로 이끌어 주는 영감의 배경지이지만 나는 언덕에서 신비의 세계에 홀려 넋이 빠진다는 말에 실감만 한다.

항구 쪽으로 걸어가니 잔잔한 물결 위에 일찍 줄어를 나갔다 들어온 배들이 한가롭게 뱃머리를 누이고 있다. 어부들의 애환이 서려 있는 낡은 밧줄은 고단했던 하루의 숨을 쉰다. 삶이 성실한 곳은 정이 간다. 아담한 해안을 갈매기와 함께 걷다 보면 어느 순간 갑자기 섬세한 붓 터치 같은 빛이 주변을 부드럽게 채색하듯 행복한 착각을 주기도 한다. 공기는 셔벗같이 달콤하고 바람은 감미롭다. 바다에서 불어오는 결은 인상파 화가들의 숨결처럼 새근새근 와닿는다. 에트르타의 절벽 위에 내려다 다 본 풍광은 대서양으로 흘러 들어오는 센 강과 옹플뢰르의 아름다운 항구로 이루어져 있다.

에트르타의 상징인 해식 지형의 바다 아치(sea arch) 일명 엄마 코끼리 바위의 형상은 늠름하다. 대서양을 향해 코끼리 언덕은 골프장이다. 저런 곳에서 샷을 날려 홀에 볼이 들어가는 쾌감을 맛본다면 그야말로 최상의 호사가 되겠다.

눈앞에 펼쳐진 풍광은 지상의 낙원으로 신비롭다. 해변에서 몰입하여 그림을 그리는 사람은 진지하지만 그를 보는 내겐 또 다른 근사한 그림으로 비친다. 바다는 대서양에서 흘러 들어오는 센 강의 줄기를

신고 수많은 사연들을 만들어 가고 있다. 인상파 화가들이 그렇게 좋아했던 그 절벽, 하얀색 자갈과 코발트빛 바다는 별세계가 맞았다. 청아한 하늘 아래서 수영을 즐기는 사람과 일광욕을 즐기는 광경까지 감미로운 여운이 된다. '나도 바다 수영을 좀 하는데' 시간이 애석할 뿐이다. 좌측에는 엄마 코끼리를 마주 보고 있는 아기 코끼리 바위가 있다. 때마침 하늘과 맞닿은 수평선 사이에서 오로라 같은 서광이 신묘하게 흘렀다. 이 무슨 좋은 징조인가?'

옹플뢰르 석회암으로 지어진 건물 앞에서. 부부인 듯한 커플이 마리오네트 인형극처럼 공연을 한다. 거리에서 흔히 보는 광경이지만 남자는 조정인 여성은 인형이 되어 아주 정밀하게 호흡을 맞춘다. 그런 공연은 처음이었다 낮 기온이 삼십 육도에 육박하는 날씨였다. 그늘 하나 없는 뙤약볕 아래 둘은 얼굴에다 숯검정 같은 것을 칠하고 여인은 눈물인지 땀인지 분간할 수 없지만 이내 줄줄 흘러 내리며 연기에 몰두하고 있다. 공연에 몰입하다 보니 마음이 쓰이고 그냥 가기에 애가 쓰이는 심정이었다. 동전 몇 EUR를 지불하고 되돌아 오는 길 그 젊은 연인이 자꾸 눈에 밟혔다.

「빈센트 반 고흐」 1
: 영혼의 편지

　미술에 심미안이 없다. 그냥 내 마음 결대로 감상하고 느낀다. 반 고흐를 흔히 '해바라기'의 화가라고 한다. 반 고흐는 해바라기라는 제목으로 두 개의 시리즈로 나눠볼 수 있다. 하나의 시리즈에 고흐는 풍성하고 노랗게 핀 여러 해바라기 작품을 그렸다. 한 시리즈는 1887년에 그가 파리에서 그의 동생 테오와 함께 파리에 있을 때였고 다른 시리즈는 1888년부터 1889년까지 시골 아를에 정착하는 동안에 작업을 했다.
　어떤 예술품을 감상하려면 그 작가의 주변과 작품에 대한 배경을 알고 감상하는 거와 무작정 감상하는 것은 질적으로 다르다. 또한 반 고흐와 동생 테오의 편지 없었더라면, 그의 그림 자체가 이렇게 유명해지지 않았을 수 있었다. 편지는 굉장히 치밀한 작업노트이기도 하다.
　반 고흐는 해바라기와 더불어 세계적으로 귀를 자른 광기인 화가로 유명하다. 그는 왜 귀를 자를 수밖에 없었는지 그리고 '해바라기' 작품이 몇 편인지 제대로 알아 가는 관심사에 촉을 세우고 책을 읽게 되어 반 고흐가 더욱 가깝게 느껴진다. 그는 파리에서 염증을 느끼고 남부 아를로 갔다. 총 12점의 '해바라기'를 그렸다. 그중 한 점은 소실되어 사라졌기에 현재 11점이 남아 있다. 파리 편 해바라기가 있고 아를 편 해바라기가 있다. 보통 교과서나 흔히 알려진 해바라기 그림이 아를에서 그린 것이다. 반 고흐는 기회가 되는 대로 아를로 오겠다는 고갱의 편지를 받고 기다리면서 1888년 8월 21일부터 하순 사이에 해바라기 그림을 4점이나 그렸다.

　　"나는 캔버스 세 개를 작업하고 있다. 첫 번째는 초록색 화병 속의 커다란 해바라기 세 송이를 밝은 배경에 그린 15호 캔버스야. 두 번째도 세 송이인데

파란 화병 밖에 꽃잎이 떨어진 것과 꽃봉오리가 놓인 25호 캔버스이다. 세 번째는 노란색 화병에 12송이의 꽃과 봉우리를 그린 30호 캔버스이지. 따라서 마지막 것은 너무나 밝고 가장 멋진 그림이 될 거라고 기대하고 있어. 어쩌면 이걸로 끝내지 않을지 몰라."(1888년 8월 21일경, 동생 테오에게 보낸 편지, 신성림 역) "지금 네 번째 해바라기를 그리고 있어. 이것은 열네 송이 꽃을 다발로 묶은 것인데, 배경은 노란색으로 전에 그린 마르멜로 열매와 레몬의 정물과 같지"(1888년 8월 22일경, 테오에게 보낸 편지)

두 시리즈의 해바라기는 꽃이 놓인 상태로 구분이 된다. 그가 화가로서 활동하기 시작 한 초기 파리 시절에 그린 해바라기는 둘 또는 네 송이로 주로 바닥에 대충 눕혀진 모습이었고 아를에서 그린 꽃들은 풍성하게 활짝 핀 모습으로 꽃병에 꽂혀 있다. 아를에서의 해바라기는 작품 수가 더해질수록 해바라기의 송이가 많아지고 시들기 전 작업을 마쳐야 하는 어려움에도 폭발적인 힘으로 엄청난 작업량을 만들어 내고 붓 터치의 중량감이 더해지는 모습을 보게 된다. 그에게 아를의 해바라기는 이제 곧 실현되는 고갱의 방문으로 그가 꿈꾸던 예술가들의 공동창작 공간을 완성하게 되고 그 공간을 비춰주는 빛과 같은 존재였다.

1887년 파리에서 반 고흐와 폴 고갱이 처음 만났을 때 그들은 서로의 작품을 주고받았다. 이때 고흐가 고갱에게 준 작품이 파리에서 그린 '해바라기' 2점이었다. 고갱은 그의 해바라기 작품에 경의를 표하고, 그의 파리 아파트 침실에 이 작품들을 걸어두었다. 그림은 책에 실어 수 없음을 밝힌다.

해바라기는 반 고흐의 귀 자른 사건과 밀접하게 연결되어 있다. 아를에서 반 고흐는 노란 집이라 불리는 집을 빌렸고 고갱과 함께 하기

위해 마련한 노란 집을 해바라기 그림으로 장식하려고 했다. 이때 반 고흐는 짧은 시간 많은 해바라기 작품을 만들었으며 해바라기를 자기와 동일시할 만큼 그의 마음과 영혼을 담았다. 하지만 그 후, 노란 집은 반 고흐의 자해 장소가 되었을 것으로 보인다.

    노란 집에서 짧게(6주) 머무르는 동안 폴 고갱은 해바라기를 그리는 화가란 제목으로 빈 센트가 작업하는 모습을 그렸다. 그러나 이 작품이 고갱과 고흐 사이 큰 다툼을 일으키게 한 요인이 되었다. 1888년 겨울, 고흐는 시든 해바라기와 얼 띤 모습으로 그려진 자신의 모습에 화가 나 싸움을 한 뒤 면도 칼을 든 고흐의 모습을 본 고갱은 도망치듯 아를을 떠났다. 반 고흐는 그때 귀를 자른다. 그 후로 그들은 생전에 다시는 만나지 못하게 된다. 그러나 고갱이 고흐에게 해바라기 작품 한 점을 받기 위해 편지를 보내고 고흐는 해바라기 복사본을 그려서 보내주었다. 물론 고흐는 고갱에게 사과 편지도 보냈지만 헤어지고 난 뒤 2년 후인 1890년에 고흐는 자살로 생을 마감했다.

「빈센트 반 고흐」 2
: 생전 작품 한 점 판 적이 없다고?

반 고흐가 살아 있을 때 그림 한 점도 팔린 적이 없다고 알고 있었다. 그런데 테오와 주고받았던 『영혼의 편지』 속에 기록이 되어있다. 그 책에 그가 자살?한 그해 유일하게 유화 작품 『아를의 붉은 포도밭』(Red Vineyards at Arles)을 1890년 산 준 이가 있었다. 하긴 그의 작품이 위상에 오르기 전이라 그 가치로 비교 될 수 없는 가격이지만 자기 작품이 팔렸다는 것은 앞으로 희망이 있다는 조짐으로 받아들였을까? 어쨌든 살가운 사랑 한번 해 보지 못하고 가난과 황량한 삶을 살았던 고뇌에 찬 예술인의 삶이 눈물겹다.

아를의 붉은 포도밭, 73x91cm, 캔버스에 유채, 1888년 11월 작, 소장처 푸시킨 미술관

반 고흐의 이 작품은 1888년 폴 고갱과 함께 생활했던 아를의 야외에서 그린 작품이다. 반 고흐는 동생 테오(Theo)에게 이 그림에 대해 "비가 내린 뒤 석양이 땅을 보라색으로 바꾸고 포도 잎을 와인처럼 붉게 물들일 때 그린 것"이라고 설명했다. 가을의 포도밭과 포도를 따는 사람들을 보고 영감을 받아 제작했던 이 그림에서 하늘의 초록색 색조는 전체 구도를 지배하는 강렬한 붉은 색조와 대조를 이루고 있다. 전체적인 구성은 오른쪽에서 중앙을 향한 원근법적 구도와, 멀리 보이는 완만한 지평선의 수평 구도가 특징적이다. 색채 표현에 있어서 특히 밝은 노란색, 붉은색, 파란색을 과감하게 사용했다.

또한 붉은 포도밭에서 일하고 있는 농부들의 표현이나, 일몰의 강력한 빛의 영향을 보여주는 주황색의 표현이 두드러진다. 이 작품은 특별히 반 고흐가 테오에 대한 감사의 마음으로 그려 선물한 것이었다. 테오는 매달 반 고흐에게 생활비와 작업비를 보내줬으며, 그에 대하여 항상 마음의 빚을 가지고 있었던 반 고흐가 이 그림을 선물한 것이다. 실제로 이 작품은 그가 생전에 그린 1500여 점의 유화 중에서 테오가 팔았던 유일한 작품이다. 테오는 이 작품을 1890년 1월 18일 벨기에 브뤼셀에서 열린 20인 전에 그의 유화 네 점이 출품했는데, 그때 반 고흐와 친분을 쌓고 있었던 시인 외젠 보흐 누이이자 벨기에 인상주의 여류 화가인 안나 보흐가 400프랑에 구입했다. 그녀는 최초로 고흐의 그림을 산 사람인데 당시 인정을 받지 못한 고흐의 입장에서 가슴 벅 찬 거래였을까 씁쓰레한 거래였을까 그의 기분을 헤아릴 수가 없다.

이후 이 작품은 한 러시아 사업가를 통해 러시아 정부가 소유하게 되었으며, 현재는 모스크바의 푸시킨 미술관에 소장되어 있다. 반 고흐는 생애 자기 작품이 팔렸을 때 생폴 드 무솔 요양원에 있었다.

그 소식을 전해 듣고 희망을 가지고 테오를 보러 파리로 갈 생각이 강했다. 다른 그림이나 네덜란드의 물가에 비하면 얼마 안 되는 가격이었다. 그는 요양원에서 고통은 광기보다 강하게 괴로워하면 일 년 남짓 거기에서 버텨온 것이다. 그러나 테오에게 가지는 못했다.

다시 오베르쉬르우아즈로 옮겨 1890년 7월 27일 총부리를 자신에게 겨누었다. 어떻게 집까지 왔는지 초라한 다락방의 침대 위에 피를 흘리고 누워 있는 그를 라부의 가족이 발견했다. 이튿날 파리에 있던 테오가 오베르로 왔다. 형제는 이 지상에서 마지막으로 짧은 대화를 나누었다. 그날 밤 고흐는 의식을 잃었고, 7월 29일 새벽 1시에 동생 품에 안긴 채 "이 모든 것이 끝났으면 좋겠다."라는 말을 남기고 파란 가득한 삶을 마감했다.

고흐가 죽은 지 6개월 후 1891년 1월 25일, 형의 죽음 이후 갑자기

건강이 악화된 테오가 네덜란드의 위트레흐트에서 33살 나이로 숨을 거두었다. 고흐의 서간집이 출간된 1914년에 테오의 유해는 형의 무덤 옆에 안치되었다. 기구한 운명을 앗아간 신이 원망스럽다. 니체의 말을 빌려오자면 "신은 죽었다."

「빈센트 반 고흐」 3
: 존재를 알린 제수씨(반 고흐 동생 테오의 부인)

고통은 광기보다 강했다. 그림을 통해서만 말할 수 있던 반 고흐에게 절대적인 존재 테오와 테오의 부인(요한나) 그리고 조카 빈센트 윌렘 반 고흐가(빈센트 반 고흐의 이름으로 지음) 있었다. 동료와 사회로부터 외면당한 고독의 슬픔을 유일하게 헤아려 주던 상대가 테오였기에 빈센트는 그토록 동생에게 의지를 했던 것이 아닐까? 테오 말고는 그 누구도 인정하지 않은 존재를 그의 사후 세상에 알린 사람이 누굴까? 유일했던 테오도 비명에 죽었는데? 1888년 겨울 고흐가 고갱과 논쟁으로 자신의 귀를 자른 후 생 레미에서 치료를 받고 있던 그때, 파리에서 화상으로 성공 가도를 달리던 동생 테오는 1889년 4월에 네덜란드 암스테르담 출신의 요한나하고 결혼한다. 요한나는 다음 해에 아들을 낳았다. 테오는 형의 이름을 따서 빈센트 윌렘 반 고흐라는 이름을 지었다. 고흐가 죽은 지 6개월 후 1891년 1월 25일, 33세 나이로 형의 죽음 이후 갑자기 건강이 악화된 테오는 네덜란드의 위트레흐트에서 숨을 거두었다. 요한나는 결혼한 지 2년 만에 남편을 잃고 29살의 애 딸린 미망인이 된다. 집에 남은 거라곤 애물단지 같은 수많은 고흐의 그림뿐이었다.

멘붕상태에 빠져있는데, 밉디미운 반 고흐의 짐들이 아를에서 도착했다. 요한나는 고흐 살아생전 두 번 정도 봤는데, 정신병에 남편의 뼛골만 빼먹는 형이라는 인식이 강했지만, 테오가 죽기 전에 남긴 '형의 그림을 지켜달라'라는 유언에 따라 암스테르담으로 거처를 옮길 때 가져간다. 친정에서는 그림 같지도 않은 것을 다 처분하고 빨리 재가를 하라고 종용하기도 했다. 유품을 정리하던 어느 날 두 형제들이 그동안 주고받았던 편지를 발견한다. 편지 속에 반 고흐의 깨어있는 정신과 감

성, 날카로움 지성에 감탄하며 형제간의 진한 우애와 감동스러운 편지를 보고 결심하게 된다. 그림을 세상에 알려야겠다고.

남편이 이루어 놓은 미술계의 인맥을 이용하여 1892년 2월 암스테르담에서 고흐 전시회를 작지만 알차게 만든다. 피사로는 그림 속 풍경들이 고흐를 닮았다고 했다. 모네가 참석한 이 전시회는 대성공을 거두게 된다. 그리고 그해 5월에 헤이그의 국제적인 전시회에 고흐의 작품을 보내기도 한다. 몇 번의 전시회와 대여를 통해 알려진 고흐의 그림 중 당대의 지식인들이 가장 가지고 싶어 했던 그림이 해바라기 연작이다.

'옥타브 미르보(Octave Mir beau)'가 먼저 잽싸게 낚아챈다. 단돈 600프랑으로 (지금은 값을 매길 수 없진). 1908년에는 '헬레네 크뮐러'는 빈 센트의 작품 속의 향후 파괴력을 간파하고 91점을 구매해서 그 작품을 중심으로 크뮐러 밀러 미술관이 개관하게 된다. 한번 물길이 터지기 시작하자 특히 표현주의 화가들이 그의 작품을 열렬히 추종하고 반 고흐의 작품을 다시 조명하는 풍조가 팽배해져 그 당시 부유하고 영향력 있는 사람들이 작품을 사들였고 대규모 미술관에서도 구매를 원했다. 요한나를 통해 고흐의 서간집이 출간된 1914년에 테오의 유해는 형의 무덤 옆에 안치되었다.

요한나와 아들 빈센트

1924년에는 런던 내셔널 갤러리에서 『해바라기』를 비롯한 작품을 사러 온다. 요한나는 고민 끝에 유명한 미술관에 전시하는 것이 낫다는 결론을 내리고 『해바라기』를 포함해서 15점을 팔게 된다. 살아생전 냉대 받던 그의 그림은 돈이 없어 하루를 쓴 커피와 마른 빵 조각으로 연명했던 고흐의 그림 값은 하루가 다르게 올라간다. 요한나는 재혼을 하지만 그녀의 자식(반 고흐

조카)에게 상속을 한다. 그 조카가 태어났을 때 (1890) 탄생의 기념으로 반 고흐가 선물로 주었다.

파란 하늘 바탕에 하얀 아몬드 꽃이 부드러운 붓 터치로 뻗친 잔가지에 희망의 꽃을 피웠다. 당시 이 그림을 그릴 때 반 고흐의 마음 상태는 희망적인 기분으로 그렸다. 그래서 어떤 그림 보다 밝고 온화하다. 큰아버지(반 고흐)한테 이 작품을

꽃이 피는 아몬드 나무

선물받은 조카는 6개월 밖에 안 된 애기였다. 우연의 일치로 하기에 불운의 숫자인 6개월 후 아버지 테오마저 잃어버렸다.

훗날 반 고흐의 유일한 상속자인 조카는 엔지니어가 되어 큰아버지의 그림을 지키며 전 세계를 돌면서 작품을 전시했다. 그리고 초로에 접어 든 조카는 큰아버지인 반 고흐의 작품 모두를 네덜란드 자기 나라에 기증했다. 그는(조카) 평생 욕심부리지 않고 엔지니어로 살아갔다. 그분도 참으로 대단하다.

나는 수많은 반 고흐 작품 중 『꽃이 피는 아몬드 나무』〈Almond Blossom〉를 좋아한다. 비록 진품은 아니지만 우리 집 벽에 걸어 놓고 마음이 심란할 때 여유를 스며들게 한다.

「빈센트 반 고흐」 4
: 사이프러스를 통해 작품을 엿보다.

한적한 길 사이프러스가 시선을 끌었다. 엄동설한에 초록빛을 지키며 무한의 하늘로 뻗친 기세에 차를 멈췄다. 당찬 기운이 흐른다. '저랬어, 반 고흐가 좋아했구나.' 싶다. 반 고흐는 사이프러스로 여러 걸작품을 남겼다. 명작 중에 불멸의 작품으로 일컬어지는 『별이 반짝이는 밤』은 소용돌이치듯 빛나는 별과 하늘을 향해 우뚝 솟은 사이프러스의 생명체를 품었다.

가로수 사이프러스

사이프러스는 프로방스의 상징 같은 것이다. 반 고흐는 사이프러스를 보며 생김새와 비율이 마치 "이집트 오벨리스크를 닮았다."라고 동생 테오에게 편지로 전했다. 그는 어떤 의도로 사이프러스 나무를 소재 삼아 그렸는지 정확하게 알 수 없지만 아를에 사이프러스가 많이 있어 풍경화를 자연스레 담을 수 있기도 했겠구나 싶다. 그가 생 레미 시절 그린 사이프러스 나무는 서양에서는 한번 자르면 다시는 뿌리가 나지 않는 습성 때문에 죽음을 상징하는 나무로 여겼다. 그래서 아를 시절에 강렬한 색채의 해바라기를 그린 것과는 상반된다고 평론가들은 보았던 것이다. 별은 영원으로, 사이프러스는 죽음을 은유한 것이라는 해석이 나오고 있다. 반 고흐는 자살인지 타살인지 여전히 미스터리로 남아 있다. 그가 생 레미에 머물며 생을 마감하기 전에 그린 그림이라 결과론의 맥락에서 평론가들은 파악하여 죽음과 연관 시켜 해석한 것

으로 여겨진다. (그냥 내 생각)

사이프러스 나무와 두 여인

고흐의 삶과 예술에 대한 열정을 『반 고흐, 영혼의 편지』 읽고 내가 느낀 것은 이 그림은 반 고흐가 병원에서 창밖을 내다보며 아를의 풍경을 그리워하며 상상하여 그렸다. 그때의 심정으로 죽음의 그림자는 없었다. 반 고흐에게 사이프러스는 극한의 고독과 서러운 현실을 벗어나고자 하는 희망이 아닐까 생각해 본다. 상록수가 상징하는 의미를 착안해 변함없이 꿋꿋한 의지에 도취되었고, 또 오벨리스크와 연관 시켜 태양의 신에게 절실한 심정을 화폭에 투영하지 않았나 하는 생각에 무게를 실어본다. 무심코 눈에 띈 사이프러스에 빠져 차를 천천히 몰고 반 고흐를 발견한 듯 상념에 잠겨 봤다.

수선화
: 정호승의 수선화에게

제주도 한림공원 한적한 자리에 수선화가 함초롬히 피었다. 이곳은 오래전부터 수양 매화가 모여 있는 정원인데 눈 속에서 핀다는 설중매는 굼뜬 편이 아닌데 생각지도 못하게 먼저 만개한 수선화가 반겨 준다. 감탄이 절로 나왔다. 2월 제주도는 어제는 비, 오늘은 눈을 흩뿌렸다. 그 사이 햇살이 비집고 잠시 얼굴을 내밀기도 했다. 이러한 변화무쌍한 기후 속에서 차분하게 등장한 수선화, 그래서 2월이 더 향기롭게 다가왔다. 매화까지 피었다면 그야말로 환상의 정원이 되었을 텐데 성급한 욕심이었다. 제주 동백꽃 보러 왔다가 때를 놓쳐 아쉬움이 컸는데 뜻밖에 수선화에게 위로를 받게 되었다. 난초 같은 가냘픈 잎으로 청초하게 핀 수선화는 새하얀 꽃잎으로 샛노란 속 꽃잎을 받쳐 더 돋보인다. 수줍게 서로 의지하는 모양새가 기특하고 참 곱다. 이런 매력에 작가들은 작품에 모티브로 삼아 소곤소곤 감성을 전했나 보다.

수선화를 "금잔옥대"(金盞玉臺)라고 한다. 뜻풀이를 하자면 금으로 만든 술잔과 옥으로 만든 잔대를 뜻한다. 이 고전적인 의미를 새겨 다시 수선화를 접해 본다면 동양의 미와 서양의 미를 두루 갖춘 근사한 꽃으로 재인식된다. 수선화 옆에 능수버들처럼 가지가 휘어진 수양 매화는 그 자체가 일품인데다가 가지마다 꽃망울을 듬뿍 매단 매무새가 자못 수굿하다. 수양매화는 일반 매화나무에 비해 기품이 흐른다. 옛 시절 장원급제 어사화처럼 고급진 멋을 지녔다. 그리하여 처음 보는 사람

들에게 금세 마음을 훔쳐 갈 만큼 고혹적이다. 내 옷차림은 틀림없이 겨울이다. 수양매화와 어우러진 수선화가 고운 결로 옷을 비집고 들어와 마음속까지 옴팍해졌다. 화려하지 않고 수수한 자태가 서로 어울려 귀한 대접을 받는 기분  이다. 겨울 속에 숨은 자연의 선물은 완상의 기쁨이었다. 이를 두고 떠나려고 하니 메별같이 아쉬웠다.

수선화에게

정호승

울지 마라
외로우니까 사람이다
살아간다는 것은 외로움을 견디는 일이다
공연히 오지 않는 전화를 기다리지 마라
눈이 오면 눈길을 걸어가고
비가 오면 빗길을 걸어가라
갈대 숲에서 가슴 검은 도요새도 너를 보고 있다
가끔은 하느님도 외로워서 눈물을 흘리신다
새들이 나뭇가지에 앉아 있는 것도 외로움 때문이고
네가 물가에 앉아 있는 것도 외로움 때문이다
산 그림자도 외로워서 하루에 한 번씩 마을로 내려온다
종소리도 외로워서 울려 퍼진다.
- 전문 -

엄동설한에 수선화와 조우한 것도 외로움이 가슴팍에 괴어 있었기 때문이었던가? 찰나의 시간에 외로움만 옮겨주고 떠나와 버렸다.

양귀비꽃
: 클로드 모네의 『초여름 양귀비의 들판』

오월의 햇살이 달캉달캉하다. 양귀비꽃도 햇살과 살랑살랑 나부낀다. 흔히 양귀비라면 아편 성분이 들어 있어 마약 인식이 강해서 어릴 적부터 꺼려졌다. 그랬던 것이 언제부터 우리나라도 완상의 기쁨을 주며 오월 들판에 입성했다.

마약 양귀비와 개양귀비는 꽃으로 구별하기 쉽지 않지만 줄기를 보면 알 수 있다. 마약 양귀비는 털이 없이 매끈하고 화초용 양귀비는 줄기가 온통 까끌까끌한 솜털로 덮여 있다. 또한 양귀비는 당나라 현종 시대 나라를 망하게 할 만큼 치명적인 아름다움을 지녔던 절세가인 양귀비를 연상케 한다. 하지만 내겐 인상주의 화가 클로드 모네의 그림 『초여름 양비귀의 들판』이 취향에 맞다.

그림 속 배경은 파리에서 떨어진 외곽 마을 아르장퇴유의 들판이다. 초여름 들판을 생각만 해도 생동감이 흐른다. 양귀비꽃 속에 모네의 아내 카미유와 그의 아들 장 모습은 사랑으로 윤택하다. 솜사탕 구름이 두둥실 떠 있는 하늘 아래 흐드러지게 핀 양귀비 꽃밭은 환희다. 그런 풍경 속에 녹아든 모네의 가족은 단란하다. 양산을 든 아내와 마치 계집아이 같은 사랑스러운 아들의 모습을 화폭에 담아낼 시점에 모네는 화상 폴 뒤랑뤼엘의 지원을 받아 창작에만 몰두했다. 이 그림은 멀리 보이는 언덕 위에 가족을 등장시켜 모네의 행복한 감정을 그림으로 부각 시켰다.

몇 년 전 에트르타를 거쳐 몽 생 미셸을 가는 길, 파리 근교 지베르니 모네 정원을 스쳐만 갔던 것에 치명적인 실수처럼 몹시 아쉬웠던 기억이 있다. 그랬던 기억으로 양귀비꽃을 보니 마음이 들썩거려진다. 여행을 하면서 놓친 부분에 대해 다음으로 기약한다는 건 거의 가능성

이 희박하다는 잘 안다. 그림 속 풍경의 과거와 현재 양귀비꽃을 공존시키는 공기라도 불어 넣으며 기분을 전환해 본다.

〈초여름 양귀비의 들판〉 1873년 50x65cm 캔버스에 유채. 오르세 미술관

찰나의 시간 카이로스와 정의의 여신 유스티티아

카이로스 사진 앞에서 쉽게 걸음을 옮기지 못했다.

'누구에게나 인생에 세 번의 기회를 준다.'는 말을 젊었을 때 선친께 종종 들었다. 그땐 그 말의 깊이를 제대로 새겨들을 소견을 갖추지 못했다. 세월이 흘러 세상 이치를 수긍할 만큼 닳고 닳아진 인생 귀로에 선 후에야 조금 알게 되었다. 어떤 이는 공평하게 주는 기회를 잘 잡아서 꿈을 이루고, 어떤 이는 기회를 놓쳐 좌절하고, 어떤 이들은 기회가 지나쳐간 조차 모른다.

생각해 보면 삶에 누구에게나 기회를 준다는 말은 암울한 위기에 처한 사람에게 희망의 불씨 같은 것으로 상징적 위안에 불과하지 않을까 싶다. 기회는 가만히 앉아서 기다리고 있다고 해서 덥석 잡을 수 있는 것도 아니다. 준비된 자에게 기회가 온다는 말에 따르면 기회를 만들기 위해 부단한 노력을 해야 한다. 또 기회라는 것이 만만하지 않아 철저하게 준비가 되어 있어도 기회는 오지 않는다는 것을 모를 정도로 어리석 하지도 않다. 그럼 내 삶에 기회를 잡기 위해 얼마만큼 노력했고 부끄럽지 않을 자격을 갖추었는가? 거창한 기회는 아니지만 주관적인 판단에서 짚어 보면 내 그릇에 맞는 기회를 잡은 적이 있었다. 딱 내 그릇만큼……. 이젠 기회가 내게 주어질 거라는 막연한 기대에 연연해 하지 않을 만큼 삶이 녹아 있다. 물질의 기회보다 찰나 속 존재를 포착할 수 있는 눈썰미만 있으면 좋겠다. 예술가 기질은 없지만 후천적인 촉수의 힘을 발휘하여 정신적인 에너지를 유지

기회의 신 카이로스

하고 싶다는 의미이다.

찰나의 시간을 뜻하는 신으로서 카이로스의 모습은 앞쪽 머리카락은 길지만, 뒤쪽 머리카락이 없는 남성 신으로 묘사된다. 이는 앞머리는 사람들이 기회를 붙잡기 위함이고, 후두부가 대머리인 이유는 한 번 지나치면 붙잡지 못하게 하기 위함이다. 이제 내겐 기회를 움켜쥘 것이 없으니 그저 덤덤하게 세상 이치에 순응하며 타박타박 걸어가도 무관할 것 같다.

카이로스란 앞에서 언급했지만, 기회 또는 특별한 시간을 의미하는 그리스어로 그리스 로마 신화에 나오는 기회의 신의 이름이기도 하다. 신으로서 카이로스의 모습은 앞쪽 머리카락은 길지만 뒤쪽 머리카락은 없는 남성 신으로 묘사된다.

정의의 여신상 유스티티아

이는 재빨리 잡지 않으면 놓치고 마는 기회의 성격을 신화에 투영한 것이라고 해석된다. 또한 발에는 날개가 달려 있고, 왼손에는 저울을, 오른손에는 칼을 들고 있다. 고대 그리스의 비극 작가 이온은 카이로스를 제우스의 막냇동생이라고 기술한 바 있다.

의문이 생겼다. 오늘날 정의를 의미하는 유스티티아(Justitia)는 정의의 여신상이다. 법을 대표하는 상징으로 이 여신상도 한 손에는 저울을, 다른 한 손에는 칼을 쥐고 있다. 카이로스와 유스티티아의 밀집성을 고려해 보면 공통점이 있는 것 같기도 하다. 공평한 기회를 잘 포착하라는 의미와 어느 한쪽에도 기울지 않게 공정하고 엄정하게 심판하여 공평 무사하게 삶을 영위하라는 뜻으로 연관 시켜 본다.

PART 7

『마리 앙투아네트 베르사유의 장미』 슈테판 츠바이크 Ⅰ
: 역사적인 메커니즘을 알아 가다.
사기 목걸이 사건 1.2.3
바스티유 광장 혁명, 의연하게 나타난 인물
마리 앙투아네트의 연인 페르센
마리 앙투아네트와 페르센 운명적인 사랑, 과연 그는 어떤 사람인가?
『마리 앙투아네트 베르사유의 장미』 슈테판 츠바이크 Ⅱ
: 마리 앙투아네트와 페르센 운명은 끝나다.
마리 앙투아네트 형장으로 끌려가는 모습 스케치

「마리 앙투아네트 베르사유의 장미」
슈테판 츠바이크 Ⅰ
: 역사적인 메커니즘을 알아 가다.

마리 앙투아네트 책

슈테판 츠바이크는 이 전기문을 쓸 때 마리 앙투아네트의 개인적인 소비 형태를 확인하기 위해 하나하나 어떤 계산도 재검토했다. 그 시대의 모든 신문이나 소책자를 연구했고, 모든 소송 서류를 한 줄도 빠뜨리지 않고 철저하게 파고들었다. 그런 후 본격적으로 작업인 압축과 구성 작업을 하며, 내면의 건축을 부단히 농축 시키며 명석화해 놓은 책이다.

몇 년 전부터 책꽂이에서 주인을 잃고 묵묵히 꽂혀 있었던 책 『마리 앙투아네트』를 읽기 시작했다. 차일피일하다가 그만 까마득하게 잊고 있었다. 망중유한(忙中偸閑)보다 망중유독(忙中偸讀)을 나름대로 할애하는 편인데 이 책은 제쳐 놓았던 것이다. 서문부터 비현실적인 것 같은 사실 앞에 몰입도를 높인다.

오스트리아 합스부르크 왕가와 프랑스 부르봉 왕가가 혈연을 맺은 세계 역사적까지 영향을 미친 스토리를 대충 알고 있었다. 쇤브론 궁의 공주가 프랑스 왕비가 되어 결국 기요틴 아래에서 이슬로 사라지기까지의 내면적 성숙을 이토록 진지하고 세밀하게 전개해 놓은 책인 줄 몰랐다. 물론 루이 16세의 인생 여정도 깨알같이 세세하게 뿌려 놓았다. 18세기 프랑스 역사의 흐름을 온전하게 이해하기는 어렵다. 하지만

마리 앙투아네트의 일대기를 다루면서 프랑스 역사적인 메커니즘을 조금이라도 더 객관적으로 바라볼 수 있게 되었다.

작가는 날카로운 묘사와 뛰어난 『마리 앙투아네트』를 둘러 싼 프랑스 혁명의 배경을 낱낱이 파헤쳤다. 이 소설 같은 전기문은 마리 앙투아네트의 인물 심리소설 쪽에 가깝다. 문장마다 전율의 진동이 내 혈관 속으로 흘러 들어가는 것 같다. 소위 책 속에 보석처럼 박혀 있다는 문체의 진수를 느끼게 한다. 문체가 정말 압권이다. 책을 읽는 내내 목적지를 알 수 없이 마치 시베리아 횡단 열차를 타면 이런 기분일까? 싶으면서 심장을 쥐락펴락했다.

프랑스로 떠나기 전 읽었더라면 덜레덜레 여행을 하지 않았지 싶다. 내실이 부실했던 여행의 경험자로 절실히 느끼게 한다. 그러지 않아도 여행을 갔다 오면 놓친 부분을 꼭 발견하게 되는데 다시 한번 더 가라는 계시(啓示) 인가? 파리를 향해 다시 꿈꾸는 구실이 확실해졌다.

마리 앙투아네트 초상

『마리 앙투아네트 베르사유의 장미』
슈테판 츠바이크 Ⅰ
: 사기 목걸이 사건 1

　이 책을 감상으로 표현하긴 더 이상 재간이 없어 책 속에 목걸이 사건과 마리 앙투아네트의 연인 페르센의 부분을 필사하는 마음으로 옮기게 되었다. 문학의 극치가 무엇인지 제대로 보여주는 책이다. 괴테조차 현실에서는 더없이 비열하고 복잡하기만 했고, 끝없는 흥분을 자아냈던 목걸이 사건이다. 희극의 진짜 주인공은 몰락한 귀족과 방탕한 하녀 사이에서 태어난 잔느 드 생 레미 드 발루아이다. 목걸이 사건에서는 처음부터 믿기지 않는 일을 진실로 받아들일 수 있어야만 했다. 너무도 어이없는 일들이 사실이기 때문이었다.

　"그것은 유래를 찾아볼 수 없는 사기극이었다. 마리 앙투아네트는 국왕에게만 사건의 전모를 털어놓고 자기의 명예를 지켜달라고 부탁했다. 그토록 복잡하고 미묘한 사건은 조심스럽게 심사숙고해야만 한다는 사실을 나중에야 깨달았다. 그러나 검토하고 신중함과 참을성이 없는 왕비의 천성에서는 찾아볼 수 없었다."

　『마리 앙투아네트』 책을 읽을수록 홀린 것 같다. 목걸이 사건을 디테일하게 엮어내는 심리묘사에 소름이 돋는다. 저자의 필력은 신이 내린 재능이다. 먼저 사건의 인과성과 필연성을 사실적으로 입각하여 소설처럼 풀어 놓았는데 밤이 깊어가는 줄 모르고 몸을 혹사시켜 가며 읽었다. 목걸이 사건은 요약하기는 너무 흥미진진해서 내용을 그대로 기록해 놓고 다시 생각나며 들출 볼 요량으로 저자에게 무례를 범한다.

　배경의 요지는 이랬다.

"1772년 루이 15세는 당시 푹 빠져 있던 뒤바리 백작부인에게 200만 리브르 정도 하는 특별한 선물을 하기로 했다. 뒤바리 백작부인은 루이 15세의 애첩으로 본래 선량하고 보잘것없는 신분 출신이었다. 처음부터 마리 앙투아네트에게 적의 같은 것은 품지

역사적인 목걸이

않았다. 자존심이 치명적으로 상했기 때문에 보상을 원했던 것에 불과했다. 뒤바리 백작부인은 훗날 루이 15세가 심장마비라도 일으키는 날이면 "체포 명령서", 숙명적인 바스티유 송치 명령서에 즉각 서명날인이 될 판이었다. 온갖 수단으로 마리 앙투아네트에게 환심을 싸기 위해 무모하리만큼 대담한 수단을 동원했다. 유감스럽지만 나중에 그 악명 높은 목걸이 사건이 보여주듯이 지나칠 정도로 마리 앙투아네트가 값진 장신구를 좋아한다는 것을 알고 있었다. 그래서 뒤바리는 선물을 미끼로 왕세자비(마리 앙투아네트)를 유혹하려고 마음먹었다. 그러나 그런 저의를 안 마리 앙투아네트는 경멸의 빛을 띠며 돌아섰다.

목걸이의 그런 뜻이 담긴 것을 모르고 루이 15세는 파리의 보석 업자 뵈이머와 바상주에게 가장 좋은 다이아몬드 목걸이를 만들어 달라고 요청했다. 이것은 그 보석 업자에게도 오랜 시간이 걸렸고, 적절한 다이아몬드 세트를 모으기 위해 많은 재료들이 소요되는 작업이었다. 하지만 그 사이 루이 15세는 천연두로 사망을 했고, 뒤바리 부인은 후임에게 쫓겨나게 된다.

보석상 샤를르 뵈이머와 파트너인 폴 바상주는 선왕 루이 15세의 주문을 받아 크고 작은 540개의 다이아몬드로 구성된 160만 리브르짜리 목걸이를 제작하고 있었다. 그러나, 루이 15세가 갑자기 사망하자 계약은 흐지부지되어 버렸다. 고액의 상품을 떠안게 된 뵈이머는 이것을 마리 앙투아네트에게 팔려고 했지만, 워낙 고가의 상품이었고, 적대적인

관계에 있는 뒤바리 백작 부인을 위해 만들어졌기 때문에 선뜻 구입을 하지 않았다. 그래서 뵈이머는 왕비와 친하다고 소문난 라 모트 백작 부인에게 중재를 의뢰했다. 라 모트 백작 부인은 왕비 마리 앙투아네트의 친한 친구라고 자랑하고 다니면서 루이 드 로앙 추기경에게 아첨하며 왕비의 이름을 팔아 금전을 가로채고 있었다. 궁정 사제장의 지위에 있었던 로앙 추기경은 스트라스부르의 명가 출신의 성직자이면서 매우 방탕한 모습으로 알려져 있었기 때문에 마리 앙투아네트에게 미움을 받고 있었다. 하지만 추기경은 포기하지 않고, 언젠가 왕비에게 잘 보여 재상으로 출세하려고 했다.

잔느 드 생 레미 드 발루아

스스로를 잔느 드 생 레미 드 발루아라고 부르는 사기꾼은 목걸이를 이용하여 부와 권력 그리고 왕실의 후원을 얻을 계획이었다. 앙리 2세의 사생아의 후손으로 잔느 드 발루아는 군인인 니콜라 드 라 모트와 결혼을 했으며, 왕이 주는 적은 연금으로 생활하고 있었다. 1784년 3월 루이 드 로앙은 비엔나 궁의 프랑스 전대사였던 추기경의 정부가 되었다. 마리 앙투아네트 왕비는 그녀의 어머니인 오스트리아 여황제 마리아 테레지아에게 그녀의 행실에 대한 소문을 퍼뜨리는 그를 불쾌하게 생각하고 있었다. 왕비는 또한 마리아 테레지아 여제에게 보낸 편지에서 무례하게 말한 것도 알고 있었다. 당시 추기경은 왕의 수상이 되기 위해 왕비의 호감을 사려 했다.

잔느 드 라 모트는 남편의 친구이자, 정부인 레토 드 빌레트를 통해 궁정을 출입하고 있었고, 추기경에게 그녀의 취향을 잘 알고 있다고 설명했다. 이러한 관계를 듣자마자 로앙 추기경은 왕비의 호감을 얻기 위해 백작 부인을 이용하기로 결심했다. 잔느는 추기경에게 그를 대신해 힘써 주겠다고 설득시키기 시작했다."

「마리 앙투아네트 베르사유의 장미」
슈테판 츠바이크 Ⅰ
: 사기 목걸이 사건 2

목걸이 사건은 다시 이어간다. 이야기에 빠져 내 머리 속은 온통 목걸이에 연루되어 밤을 새하얗게 새운다. 작가가 경외롭기까지 하다. 요약해서는 생생한 의미 전달이 도저히 되지 않는다는 것을 강조하며 본문을 필사로 대체한다.

"이것이 왕비가 추기경과 연루되기 시작하는 시초였으며, 로앙에게 적절한 회답을 줌으로써 그녀의 의도가 여왕에게서 왔음을 시사했다. 편지의 어투는 매우 따뜻했으며, 추기경은 왕비가 자신에게 넘어왔음을 확신했고, 열렬히 호응을 했다. 추기경은 잔느에게 여왕과 밤중의 비밀스러운 회동을 졸랐다. 그리하여 그런 만남을 1784년 8월에 잡았다. 추기경은 베르사유 궁전 정원의 작은 숲에서, 여왕이라고 믿은 한 여자를 만난다. 이 여자는 사실 니콜 르과이 돌리바라는 창녀였으며, 그녀는 왕비와 닮았다는 이유로 잔느에게 고용되었다. 추기경은 돌리바에게 장미를 주었고, 여왕 역을 하는 그녀는 그에게 과거의 유감은 잊어버리겠다고 약속을 한다.

잔느 드 라 모트는 추기경의 믿음을 이용하여 여왕의 자선사업에 쓸 돈이라고 말하면서, 그에게서 많은 돈을 빌렸다. 이런 과정으로 부유해진 잔느는 귀족 사회로 진출할 수 있었다. 그녀가 공공연하게 왕비와의 친분을 떠벌리고 다녔기 때문에, 많은 이들이 왕비와 그녀의 관계가 진짜인 줄 알았다. 보석상 샤를르 뵈이머와 파트너인 폴 바상주는 보석을 매각하기 위해 그녀를 이용하기로 했다. 처음에 그녀는 그들의 수수료를 거부했지만, 이후에는 마음을 바꿔 그 제안을 받아들였다.

1785년 2월 21일, 잔느는 추기경에게 왕비가 목걸이를 사고 싶다는 말을 꺼낸다. 하지만 어려운 시기였기 때문에 공공연하게 그렇게 비싼 구매는 원치 않는다는 말을 꺼내면서, 왕비가 추기경에게 비밀 중계 상이 되어주기를 원한다고 말한다. 얼마 후 로앙은 200만 리브르짜리 목걸이 가격을 협상을 하여 분할 납입하기로 하고 한다. 추기경은 그 구매에 대한 여왕의 위임장을 가지고 있다고 주장했으며, 손으로 쓴 여왕의 협상 조건을 보석상에게 보여준다. 추기경은 그 목걸이를 가지고 잔느의 집으로 가서, 그곳에서 왕비가 파견한 시종으로 믿은 사람에게 건네준다. 잔느 드 라 모트의 남편은 그 목걸이를 가지고 런던으로 몰래 가서, 다이아몬드를 따로따로 팔기 위해 분해를 한다.

　비용 지불 일이 다가오자 잔느 드 라 모트는 추기경의 수표로 지불을 했지만, 충분하지 않자 뵈이머는 여왕에게 불평을 늘어놓지만, 여왕은 목걸이를 받은 적도, 주문한 적도 없다고 말을 한다. 왕비는 협상 내용에 대해서 말을 들었고, 대반전이 일어나게 된다.

　1785년 8월 15일, 성모승천일 궁정 대신들이 예배를 보기 위해 왕과 왕비를 기다리고 있을 때, 식을 주관하는 로앙 추기경이 국왕 부부와 내무장관이 브리테이 앞에 불려온다. 로앙 추기경은 "마리 앙투아네트 드 프랑스"라고 서명한 편지를 내놓는다. 왕족은 성을 사용하지 않기 때문에 그것을 읽은 루이 16세는 추기경이 자신을 기만했다고 분노한다. 로앙 추기경은 체포되어 바스티유 감옥으로 끌려갔고, 그곳에서 왕비라고 생각했던 이와 주고받았던 서신을 파기한다. 게다가 잔느는 그가 그 서신들을 파기한 3일 후까지 체포되지 않았다.

　경찰은 그녀와 연관된 모든 사람들을 수사하기 시작했고, 창녀인 니콜 드과이 돌리바, 궁전 출입을 허가한 레토 드 빌레트 등을 체포했으며, 그에게 그 편지가 자신이 여왕의 서명을 도용하여 쓴 것이라고 자백했다. 이 사건에 대해 그게 관계되었다는 것에는 의문이 들지만, 유명한 사기꾼인 알레산드로 칼리오스트로도 또한 체포되었다. 로앙 추기경은 파리 고등법원의 판사직을 수락했다. 1786년 5월 31일 이 떠들썩한 사건의

재판에서 추기경과 창녀 니콜, 칼리오스트로는 무죄판결을 받았다. 잔느 드 라 모트는 유죄 선고를 받고, 채찍형과 낙인형을 언도받아 창녀들이 수감되는 감방에 갇혔다. 그러나 태형과 낙인형은 집행되지 않았다. 다음 해 7월 그녀는 소년으로 변장해서 감방을 탈옥한다. 그녀가 도망을 가자 남편이 유죄 선고를 받아서 종신형으로 갈라섬으로 보내졌다. 발레타는 추방되었다.

　복잡하기 이른 데 없는 이 목걸이 사건은 마리 앙투아네트가 그녀의 이름과 인격과 명예를 방편으로 해서 벌어진 이 비열한 연극에서 추호도 관여한 바가 없었다는 사실이다. 그녀는 법적인 의미에서 전혀 무관하며, 역사상 가장 철저하게 무지한 사기 사건의 희생자였을 뿐 결코 관련자가 아니며, 하물며 공범자는 더욱 아니었다. 그런데도 불구하고 도덕적인 면에서 보면 마리 앙투아네트가 완전히 무죄라고는 할 수 없었다. 세상을 떠들썩하게 하는 왕비의 악평이 사기꾼들에게 용기를 주었던 왕비다. 만사를 쉽게 믿을 정도로 경박하지 않았더라면 사기에 걸린 사람들도 처음부터 믿지 않으려고 했을 것이기 때문에 이따위 사기 사건은 일어날 수 없었다. 투리아농에서 벌인 장기간의 경박한 행동과 어리석은 짓이 없었더라면, 이러한 엉터리 희극이 이루어질 전제는 없었을 것이다. 왕비의 경솔 그 자체가 토대가 되고 그 악평이 발판이 되었다. 마리 앙투아네트는 목걸이 사건의 간계와는 전혀 무관했지만 그 사기를 믿은 것은 그녀의 역사적 죄과로 남았다. 그 후 그녀는 계속 적의 중상과 끊임없는 증오의 대상이 되었다."

『마리 앙투아네트 베르사유의 장미』
슈테판 츠바이크 I
: 사기 목걸이 사건 3

　어디에도 이처럼 명확하고 속 시원하게 목걸이 사건에 얽힌 역사를 제대로 들어 보지 못했다. 역사책 한 귀퉁이에 있는 거로는 감이 오지 않았다. 마리 앙투아네트의 목걸이 사건은 사기극으로 밝혀졌다. 그 전모를 세계사로 통해 알고 있었지만 이렇게까지 중상모략으로 끌고 들어갔다는 사실에 경악을 금치 못했다.

　"라 모트 부인(목걸이 사기범) 법정에서 배짱 좋게도 목걸이 사건에서 왕비 당신의 죄와 공범 관계를 덮어둔 것이 고마워서 왕비가 자기("자칭 친구")를 구출해 준 것이라고. 망발을 서슴없이 떠들어댔다. 알 수 없는 방법으로 누군가가 밤을 틈타서 감옥을 문을 열었다. 이렇게 라 모트 부인이 런던으로 도주할 수 있었던 것은 실제로는 한 도당이 된 패거리가 배후에서 꾸민 음흉하기 이를 데 없는 책략의 결과였다. 이야기가 그렇게 흐르자 왕비가 도둑과 공모했다는 그럴듯한 소문은 공공연 해졌을 뿐만 아니라 죄인 라 모트 부인 쪽에서는 런던에서 오히려 원고처럼 뻔뻔스러운 거짓과 중상을 거리낌 없이 인쇄물로 만들었다. 그뿐만 아니라 프랑스와 유럽의 무수한 인간들이 이런 따위의 "진상 폭로"를 틈타 떼돈을 벌 수도 있었다. 심지어 고등법원의 심리는 엉터리이며 억울한 라 모트 부인을 비열하게 제물로 만들었다고도 적혀 있었다.

　〈말할 것도 없이 다른 사람이 아닌 왕비가 목걸이를 주문했고, 전혀 죄 없는 자기는 상처받은 왕비의 명예를 지키기 위해서 단지, 우정으로

죄를 짊어졌을 뿐)이라고 쓰여 있었다. 어떤 경위로 그녀가 마리 앙투아네트와 친하게 지냈는가에 대해서도 이 철면피한 거짓말쟁이는 호색스러운 패거리들이 듣고 싶어하는 이야기와 꼭 맞아떨어지게 설명했다. (마리 앙투아네트는 이 철면피한 모트라는 존재조차 사건이 벌어지기 전 몰랐음) 뿐만 아니라 라 모트부인이 왕비의 성도착 이야기를 조작하면 조작할수록 사람들은 점점 더 그런 이야기를 듣고 싶어 했다. 흙탕물은 점점 더 높이 튀어 오르고 거짓말은 점점 악의에 더해 갔고, 어떤 거짓말도 진실로 받아들여졌다. 목걸이 사건이 있고 2~3년이 지나자 마리 앙투아네트는 이미 프랑스에서 가장 음탕하고, 가장 비열하고, 가장 음흉하고, 가장 압제적인 여자라는 악명을 뒤집어써서 어떻게 손을 쓸 수도 없게 되었다. 이와는 달리 낙인이 찍힌 교활한 여인 라 모트 부인 쪽은 억울한 희생자가 되었다.

훗날 혁명이 일어나자 곧 혁명파 클럽은 달아난 라 모트 부인을 자신들의 보호 아래 파리에 다시 데려오려고 했다. 이번에는 라 모트 부인을 원고로 하고 마리 앙투아네트를 사형수의 의자에 앉혀 혁명 재판을 치를 셈이었다. 그러나 1791년 추적 망상에 걸린 라 마트 부인이 갑작스럽게 발작을 일으켜 창문에서 떨어져 죽는 바람에 이 대단한 사기꾼에게 개선가를 부르게 하고, 파리 시내를 누비도록 "공화국에 대한 공적이 있었다"라는 판결문을 줄 수 없게 되었다. 운명이 간섭을 하지 않았다면 리 모트 부인이 자기가 중상모략한 왕비의 처형을 환호성에 싸여 구경하는, 목걸이 사건보다 훨씬 더 괴기한 재판 희극을 보았을 것이다.

[영향]

프랑스에서는 이 사건은 사실과는 달리 왕비의 음모에 의한 것으로 소문나고, 마리 앙투아네트를 싫어하는 여론이 강해졌다. 또한 국왕 루이 16세는 판결 직후 무죄를 선고받은 로 앙 추기경을 궁정 사제장에서 파면하고, 오베르뉴의 세즈 디우 대수도원으로 좌천하게 하여 국민

의 반감을 샀다. 로앙 추기경은 원래 평판이 나쁜 타락한 성직자였지만, 그의 좌천을 욕하는 많은 사람들은 그것을 몰랐다. 사실 이 사건으로 대부분 세상에 나오지 않았던 마리 앙투아네트의 명성을 결정적으로 깎아내렸고, 그녀의 비참한 죽음으로 이어졌다."

목걸이 사건의 전모는 희대의 역사감이었다.

「마리 앙투아네트 베르사유의 장미」
슈테판 츠바이크 Ⅰ
: 바스티유 광장 혁명, 의연하게 나타난 인물

내친 김에 마리 앙투아네트에게 연인이 있다는 사실에 영화나 뮤지컬에서 제대로 담지 못한 담화를 전하고 싶어 오지랖이 발동한다.

"마리 앙투아네트는 왕비가 된 후 역사적인 사랑의 드라마 같은 인연이 시작된다. 스웨덴 귀족의 후손으로 촉망받는 청년으로서 그들을 둘러싼 진실과 거짓은 어디까지 인가. 호기심이 극도로 유발된다. 루이 16세 차세 12년 동안 12억 5,000만 리브르의 빚을 짊어진 것이다. 이 청천벽력에 민중은 새파랗게 질렸다. 이 거액을 어디에, 누가 써버렸던 말인가! 목걸이 사건의 재판으로 이 물음은 대답을 얻었다. 프랑스 경제 재정난은 이미 루이 15세기부터 시작되었지만, 이 모두 것을 루이 16세와 마리 앙투아네트가 희생양이 되었다. 민중들의 분노에 위기의식을 느낀 마리 앙투아네트는 운명에 도전하는 것은 그만두자. 불가사의한 적이 가진 위력과의 관계를 그녀는 비로소 뚜렷이 깨달았다. 그러나 그 시점 마리 앙투아네트에게 시대의 청우계(晴雨計)는 폭풍우를 가리키고 있었다. 그녀를 앞으로 내몰아 역사상 가장 자극적인 사건의 한가운데로 내던졌다. 1789년 7월 14일 바스티유 광장에서 혁명이 일어났다.

그때 세상에서 왕비의 가장 친한 친구라고 생각했던 패거리들이 모두 그녀를 버리고 떠났다. 그런데 진정한 친구였던 사람이 어둠 속에서 나타났다. 한스 악셀 폰 페르센이다. 마리 앙투아네트의 총신이 되는 것이 영광이었던 시절에는 이 훌륭한 사람은 연인의 명예를 소중하게

지키기 위해서 소심하게 모습을 감추고 그녀의 생활 중에 가장 깊은 비밀을 호기심과 입방아로부터 지켜주었다. 그러나 왕비의 친구라는 사실이 아무런 이익도 명예도 되지 않고, 존경도 질투도 부르지 않고, 오히려 용기와 아낌없는 헌신만을 요구하는 시점, 단 한 사람을 사랑했고 그 사람에게서 사랑을 받았던 이 인물은 스스로 의연하게 마리 앙투아네트의 곁으로 다가와 역사 속에 발을 들여놓았다"

하루의 시간이 부족하다. 잠자는 시간이라도 쪼갤 지경이다. 다행히 주말이라 시간이 좀 있다. 책에 온통 쏠려있다. 이 드라마틱한 역사적 연애에 내 감정을 휘져 놓는다. 작가는 이 전기문을 쓰기 위해 갖은 노력과 심려를 기울었을 텐데 나의 요약으로는 도저히 제대로 전달할 수 없고 또 기억 속에서 휘발되기 전에 주옥같은 문장을 그대로 보관하는 가치에 의의를 두고 원본을 옮기는 것을 이어간다.

"페르센의 이름과 모습은 오랫동안 비밀에 가려져 있었다. 왕비와의 깊은 비밀이 없었더라면 그는 영원히 어둠 속에 묻혀버리고 말았을 것이다. 그러나 19세기 후반 마리 앙투아네트의 수많은 비밀 편지는 봉인된 채, 그 누구의 손길도 닿을 수 없는 곳에 보관되어 왔다. 그 편지가 공개되기 전에는 누구도 그의 비밀을 믿으려고 하지 않았다. 이 무명의 스웨덴 귀족은 단번에 그녀의 애인으로서 특별한 자리를 차지하게 되었다. 편지 공개는 경박스러웠다고만 알려진 마리 앙투아네트의 성격 형태를 완전히 바꾸어 놓았다. 위험이 가득 찬 이 영혼의 드라마틱한 절반은 왕궁의 그림자에, 나머지 절반은 기요틴에 가려진 목가로서 역사만이 만들어 낼 수 있는 감동적 사건이었다.
이 역사적인 사랑은 갑작스럽게 시작된 것이 아니라 로코코 스타일로 시작되었다. 페르센은 18세기의 젊은 귀족으로서의 전형적인 교양과정을 거쳤다. 대사나 장관, 장군이 될 수 있는 미래가 총망한 청년이었다. 그 에다 외모까지 출중하고 성품 또한 세상에서 인정받을 사람이

었다. 1774년 1월 30일 저녁, 프랑스 왕위 계승자의 아내가 졸고 있는 남편의 침대에서 뛰쳐나와 오페라의 가장무도회에서 페르센을 알게 되었다. 그 젊은이가 마음에 들었던 마리 앙투아네트는 그것을 숨기지 않았다. 그날 이후 페르센은 베르사유 궁중 무도회에서 극진한 환대를 받았다. 그 첫 순간부터 두 사람 사이에 애정이 싹튼 것일까? 그것은 아무도 모른다. 이 순진무구한 연애에 커다란 사건이 벌어졌다. 어린 왕세자비가 루이 15세가 서거하자 하룻밤 사이에 프랑스 왕국의 왕비가 된 것이다. 그 이틀 뒤 페르센은 고국 스웨덴으로 돌아갔다. 제1 막은 그것으로 끝났다."

「마리 앙투아네트 베르사유의 장미」
슈테판 츠바이크 I
: 마리 앙투아네트의 연인 페르센

"제2막 4년 뒤 1788년에 다시 페르센은 프랑스로 왔다. 도착하자마자 젊은이는 멋지게 차려 입고 궁중에 나타났다. 그녀의 피는 끓고 있었다. 남자 쪽에서도 젊고 매혹적인 여자를 사랑하고 존경했다. 왕비가 극진히 그를 총애하자 스웨덴 대사가 구스타프 왕(스웨덴)에게 보낸 공식 문서로 보고되었다. 그것은 페르센이 미국으로 떠나가게 된 결단의 원인이 되었다.

왕비는 그를 바라보는 눈에 눈물이 가득했다. 그들의 무서운 연정은 "순수한" 상태로 남게 되었다고 기록은 말해주고 있다. 그러나 그것은 스토리의 끝이 아니라 1779년까지는 마리 앙투아네트와 페르센 사이가 아직 마지막이 아니었다. 미국에서 왕비와의 편지 왕래가 계속되었지만 사랑은 더 이상 헤어져 지낼 수 없을 지경이었다.

제3막, 페르센과 재회, 자신이 선택했던 4년간에 걸친 망명길로부터 미국의 지원군과 함께 돌아온 페르센은 곧 베르사유를 향해서 발길을 서둘렀다. 왕비의 바람에 따라 페르센은 프랑스 군대의 연대장이 되기로 결심했다.

그는 노련한 군인으로서, 옛 귀족 가문의 후계자로서, 또 낭만적인 구스타프 왕의 총신으로서 훌륭한 지위를 얼마든지 얻을 수 있는데, 그는 집에서 결혼을 재촉하지만 한사코 결혼이라는 속박에 몸을 내맡기지는 않기로 결심했다. 이례적으로 관직 수여를 황급히 스웨덴 왕에게 통지한 사람은 누구였을까? 그러한 권한을 가진 프랑스의 최고 군 사령관이 아니라 왕비가 손수 쓴 편지를 통해서였다. 페르센과 떨어져 있

는 몇 년 동안 마리 앙투아네트는 결정적인 변모를 했다. 목걸이 사건이 그녀를 고독하게 만들었고, 본질적인 것에 대한 감각을 눈뜨게 했다. 그녀는 거울 앞에 서서 허영심에 가득 차 어리석게 남들의 찬사를 받기 위해서 애쓰는 것이 아니라, 영혼을 활짝 열어놓고 한 인간에게 헌신하게 되었다.

그녀가 세상에서 신처럼 숭앙을 받고 많은 아첨자들에게 둘러싸여 있을 때 그녀의 총애를 피했던 페르센은 그녀가 도움이 필요로 하고 고독 해졌을 때 사랑하겠다고 나섰다. 대변혁이 다가오면 다가올수록 두 사람은 더욱더 열정적으로, 비극적으로 가까워졌으며, 수많은 환멸을 겪으면서 왕비는 그에게 마지막 행복을 찾아보려고 했다. 그리고 페르센은 기사적인 사랑으로, 무한한 희생으로, 그녀에게 잃어버린 왕국을 보상해 주려고 했다. 그러나 이러한 만남은 곧 소문이 났다. 따라서 5년 두 사람이 함께 지낸 시간은 얼마 되지 않는다. 이별 직전인 1790년에야 페르센은 기쁨 가운데서 자기가 처음으로 하루 종일 "그녀와 함께" 있을 수 있었다고 이야기한다.

그리고 혁명이 일어난 그해 사람들이 모두 도주해버린 극한의 위기 상황에서야 행복한 시절에는 숨어 있던 페르센의 모습이 나타난다. 진정한 친구이며 또한 유일한 친구인 그는 그녀와 함께 죽을 각오가 되어 있었다. 지금까지 그늘 속에 숨어야 했던 페르센은 시대의 뇌우가 치는 삭막한 하늘을 배경으로 의연하게 그 모습을 드러낸다. 페르센은 매일 궁에 나타났다. 모든 편지가 그의 손을 스쳐갔고, 모든 결정이 그와 더불어서야 내려졌다. 페르센만이 그녀의 모든 생각과 고민, 희망을 알고 있었으며 그녀의 눈물과 절망과 쓰라린 슬픔 역시 그만이 알고 있었다. 모든 것을 잃게 된 바로 그 순간에 왕비는 일생을 바쳐 헛되이 찾아 헤맸던 것, 즉 성실하고 올바르며 남성적이며 용기 있는 친구를 찾은 것이다.

그들 사이 막간의 의문은 과연 그들은 연인 사이였다는 말인가. 달콤하고 도덕적인 왕비라는 조직적인 가설을 비교해 볼 때, 그녀의 태도

라는 명백한 현실은 얼마나 초라한 것이며, 인간적인 용기와 정신적인 위임을 억누르고 이 여인 지키려고 했던 왕비로서의 "명예"란 또 얼마나 하찮은 것일까! 자신의 감정을 자유롭게 따라갔다는 점에서, 여자로서 그 이상 명예를 지키고 고귀하게 처신하기는 어려웠을 것이다. 그러나 인간적인 행동을 했다는 점에서 어느 왕비도 그녀보다 더 이상 행동할 수 없었을 것이다."

드라마보다 더 극적인 이들의 사랑이 믿어지지 않았다. 이 픽션 같은 이야기는 저자가 사실을 입각하여 구성 했다는 것을 강조해 두고 싶다. 앞으로 다가올 그들의 운명적인 사건이 더욱 궁금하다. 마치 깊은 굴속으로 라이트를 켜고 자박자박 걸어 가듯 책 속으로 깊숙이 들어간다.

「마리 앙투아네트 베르사유의 장미」
슈테판 츠바이크 I

: 마리 앙투아네트와 페르센 운명적인 사랑, 과연 그는 어떤 사람인가?

"1789년, 혁명이 일어나고 바스티유 습격을 받자 1790년 마리 앙투아네트의 가장 친한 친구라고 생각했던 패거리들이 모두 그녀를 버리고 떠나갔을 때 진정한 친구였던 사람이 어둠 속에서 나타났다. 한스 악셀 폰 페르센이었다. 페르센의 이름과 모습은 오랫동안 비밀에 가려져 있었다. 위험이 가득한 이 영혼의 드라마는 절반은 왕궁의 그림자에, 나머지 절반은 기요틴에 가려진 목가로서 역사만이 만들어 낼 수 있는 감동적인 사건이었다.

프랑스 왕비, 북유럽의 젊은 귀족, 이 두 사람은 비밀을 숨겨야 하는 조심성과 의무속에서도 서로 떨어지려고 하면 할수록 자꾸만 가까워질 뿐이었다. 그리고 이 두 인간의 운명 뒤에는 붕괴되어가는 세계, 묵시로적인 시대

한스 악셀 페르센

활활 타오르는 역사의 한 페이지가 진행되었다. 절반쯤은 지워지고 찢긴 암호와 부호에 의지하여 사건의 실상을 해독할 수는 없지만.

1791년 6월 25일 국외 망명을 꿈꾸며 바렌 Varennes에서 머물던 루이 16세 왕가의 체포, 토마스 팰컨 마셜 Thomas Falcon Marshall, 1854년 그림.

이 위대하고 역사적인 사랑의 드라마는 갑작스럽게 시작된 것은 아니라 완전히 로코코 스타일로 시작되었다. 귀족의 후손이며 스웨덴 젊은이는 열다섯 살 때 가정교사와 함께 세계인이 되기 위해 3년간의 여행을 떠났다. 그는 독일에서 미술 교육과 군사학을, 이탈리아에서는 의학과 음악을 배운 다음 제네바에 가서 당대 학문의 최고봉인 볼테르를 만난다. 그는 거기서 정신적인 바칼로레아, 즉 대학 입학 자격을 획득한다. 열여덟 살의 젊은이에게는 이제 세련된 대화와 훌륭한 예의범절의 도시인 파리로 가서 마지막 때를 벗는 일만이 남았다. 18세기의 젊은 귀족으로서의 전형적인 교양 과정이 완성되는 것이었다. 그다음에는 대사관이나 장관, 장군이 될 수 있었다. 상류사회가 그의 앞에 문을 열어놓고 있었다.

고상한 품격과 예의 바른 태도, 절제할 줄 아는 현명함, 많은 재력, 외국인으로서 후광, 그 밖에도 그림과 같은 미남이라는 사실이었다. 마리 앙투아네트에게 페르센은 베르사유 궁중 무도회에서 극진한 환대를

받았다. 그 젊은이들은 첫 순간부터 두 사람 사이에 애정이 싹튼 것일까? 그것으로 제1 막은 끝났다. 제2 막은 4년 뒤인 1788년에 페르센은 다시 프랑스로 왔다. 마리 앙투아네트는 이미 왕비가 된 상태였다. 그녀의 관심은 짚불처럼 타올랐다. 왕비로서는 정말로 위험한 게임이 아닐 수 없었다. 결국 이 훌륭한 청년은 그런 미묘한 처지에서 보여줄 수 있는 가장 고귀한 행동을 취했다. 자기와 위험한 여자 사이에 수천 킬로미터라는 거리를 둔 미국으로 떠났다.

제3막 페르센의 재회, 미국에서도 왕비와의 편지 왕래가 계속되었지만 사랑은 점점 열기를 더해 가서 이제는 더 이상 헤어져 지낼 수 없기 때문에 그들의 눈길과 눈길 사이에는 어떠한 거리도 찾아볼 수 없었다. 그는 왕비의 바람에 따라 프랑스 군대의 연대장이 되기로 결심했다. 실망한 부친은 화가 나서 몇 차례나 스웨덴으로 돌아와서 결혼을 하든가 편지를 보내기도 했다. 남들의 의심을 받지 않으려고 마리 앙투아네트는 젊은 장교 페르센을 파리 수비군 대신 국경 근처 발랑시엔으로 보냈다. 한스 악셀이 단지 "노예 기사", 즉 마리 앙투아네트의 낭만적인 구애자였을까? 아니면 실질적 육체적인 애인이었을까? 그가 그랬을까? 안 그랬을까? 어쨌든 마리 앙투아네트는 그를 사랑했으나 아내로서의 의무, 왕비로서의 존엄을 한순간도 잊지 않았다.

혁명에 의해 루이 16세와 마리 앙투아네트 왕실 가족은 베르사유를 떠나 튈르리 궁으로 쫓겨 왔다. 그들은 생명에 위험을 느끼고 튈르리 궁을 감옥으로 생각했다. 마리 앙투아네트 곁에는 랑발 공작부인이 함께 했다. 아이들의 유모, 폭도들이 베르사이유로 몰려오는 순간에도 왕비를 떠나지 않았다. 탕플 감옥에서 결국 랑발 공작부인도 혁명군에게 처형된다. 랑발 공작부인의 흙빛깔의 머리가 창에 꽂혀 머리카락이 바람에 휘날리고 있으며, 부인의 갈기갈기 낭자된 시체는 발가벗겨진 채 뒤에서 질질 끌려오고 있다는 소식을 듣게 된다. 오랫동안 왕비와 추잡한 관계였다는(중상모략) 랑발의 벌거벗은 육체와 창백한 머리를 마리

앙투아네트에게 보여줌으로써 최후의 야만적인 승리감을 피와 술에 취한 무리들이 맛보려고 한다는 사실을 의심할 나위도 없는 일이었다.

절망에 빠진 그녀는 하루라도 빨리 끝장이 나기를 소망했다. 혁명의 목소리는 높아만 갔다. 다시 나타난 페르센의 도움으로 왕실 가족은 도주 계획을 세워 국왕은 인민의 독재로부터 탈출하기 위해 한밤중에 왕궁의 작은 문으로 도망을 쳤지만 혁명파에게 바렌에서 체포되어 파리로 돌아오는 수모를 겪는다. 그들은 다시 튈르리 궁으로. 이 모든 과정을 지켜보던 마그리드는 진정한 정의란 무엇인지를 스스로에게 되묻게 된다. 그 사이 비밀리에 왕비는 페르센에게 편지를 통할 수 있었다. 세력이 있었던 페르센은 스웨덴 왕과 또 다시 도주 계획을 잡고, 페르센은 더 이상 기다릴 수 없어서 프랑스로 마리 앙투아네트를 만나러 가기로 결정했다. 이 결정을 명백한 자살행위였다. 당시 프랑스에서는 그의 머리만큼 비싼 것이 없었기 때문이다. 그는 혁명사를 통틀어 가장 용감한 행동을 했다. 페르센은 가발을 쓰고, 가짜 여권을 가지고 스웨덴 왕의 서명을 가짜로 꾸며 리스본으로 가는 외교사처럼 가장하고 자신의 전속 장교와 함께 길을 떠났다. 여덟 달에 거친 끔찍한 이별과 무서운 사건 뒤 연인들은 다시 함께 있을 수 있었다. 페르센이 마리 앙투아네트 곁에 머문 마지막 기회였다. 페르센의 손이, 애인의 손이 어리석기 그지없는 위협을 하는 통해 꺼져가는 불길에 폭탄을 던진 셈이 되고 말았다.

이 무분별한 행동 때문에 2,000만 명의 분노가 폭발하고 말았다. 다시 도주의 계획은 실패를 하고 왕실 일가는 탕플로 옮겨져 물샐틈없이 감시를 받았다. 그뿐 아니라 방은 문마다 밖에서 잠겨 있었다. 루이 16세는 처형 선고를 받아서 기요틴(단두대)에 의해 비극적 삶을 마감했다. 그리고 마리 앙투아네트에게 새로운 이름 카페 미망인이라는 이름을 주었다. 그로부터 혁명 재판소에 기소되어 사형 선고를 받은 것과 마찬가지인 콩시에르즈리로 이송되었다."

「마리 앙투아네트 베르사유의 장미」
슈테판 츠바이크 II
: 마리 앙투아네트와 페르센 운명은 끝나다.

"페르센은 포기하지 않았다. 최후의 시도 끝에 끝내 신은 그들을 도와주지 않았다. 콩시에르즈리에서 보낸 70일은 마리 앙투아네트를 늙고 병든 여자로 만들었다. 어둠 속에서 마담 엘리자베트(시누이)의 손에 들어가지 못할 편지를

콩시에르즈리

남기고 혁명 광장(콩코르드 광장)으로 끌려가 기요틴 앞에서 최후까지 강한 태도를 잃지 않으려고 했다.

마리 앙투아네트가 죽은 뒤 페르센은 무뚝뚝하고 가혹한 남자로 변했다. 그는 세계를 불의에 가득 차고 냉담하다고 여겼으며, 삶이란 무의미하다고 생각했다. 그의 정치적, 외교적 야심은 완전히 사라졌다. 전쟁 중 몇 년 동안 그는 외교사절로서 유럽을 돌면서 다른 여자들과 관계를 맺기도 했지만, 그 누구도 그의 내심을 완전히 사로 잡지는 못했다. 그녀가 죽은 10월 20일 날짜에는 몇 년이 지난 뒤에도 같이 적혀 있다.

"오늘은 내에게는 외경의 날이다. 나는 내가 잃어버린 것을 결코 잊을 수가 없다. 나의 비통한 마음은 내 목숨이 다하는 날까지 계속될 것이다."

6월 20일이라는 날짜 역시 그의 생애에 운명적인 날이 되었다. 그는 바렌으로 도주하던 그날, 루이 16세의 명령을 좇아 마리 앙투아네트를

왕비 마리 앙투아네트가 마지막으로 구금되었던 라 콩시에르주리 La Conciergerie의 독방

위험 속에 혼자 내버려 두었던 자신을 결코 용서할 수 없었다. 그러나 운명이란 우연의 일치와 숫자의 신비로운 유희를 좋아한다. 몇 년 뒤에 바로 그날 6월 20일, 페르센은 꿈꾸어온 죽음을 맞았다. 페르센은 직위를 원하지 않았지만, 고국에서 서서히 강력한 직위를 가진 사람으로 이름이 회자되었다. 명예 원수이며, 가장 강력한 왕의 고문으로서 권세 있는 인물이 되었다. 그에게 적대감을 가졌던 적들은 페르센이 프랑스에 복수하기 위해서 스스로 스웨덴의 왕이 되어 나라를 전쟁 속으로 휘말려 들게 할 작정이라는 소문을 퍼뜨렸다.

1810년 6월 스웨덴의 왕위 계승자가 갑자기 세상을 떠나자 스톡홀름 시내에는 왕위를 차지하기 위해서 페르센이 그를 독살했다는 소문이 이상하게 퍼져나갔다. 이 순간부터 페르센의 목숨은 혁명 때의 마리 앙투아네트와 마찬가지로 민중의 분노로 위험해졌다. 여러 가지 계획에 대하여 소문을 들은 친구들은 장례에 참여하지 말고 지비에 조심스럽게 남아 있으라고 충고했다.

그러나 그날은 페르센에게 운명의 날이 6월 20일이었다. 페르센이 탄 마차가 성을 출발하자마자 분노한 폭도들이 군대의 경계선을 뛰어넘어 주먹으로 페르센을 끌어내려 막대와 돌맹이로 때려눕혔다. 페르센의 시체는 피를 흘리며 비참한 모습으로 시청 앞에 누워 있었다."

「마리 앙투아네트 베르사유의 장미」
슈테판 츠바이크 Ⅱ
: 마리 앙투아네트 형장으로 끌려가는 모습 스케치

그는 누구인가? 프랑스 출신 화가 자크 다비드이다. 다소 생소하게 느껴질 수 있는데 주로 초등학생부터 흔히 봐 온 그림 『알프스를 넘는 나폴레옹』을 그린 사람으로 알려져 있다. 다시 본문을 빌려 와서 더 생생한 느낌으로 그를 살펴보자.

"생오노레 가(街) 한 모퉁이, 카페 드 라 레장스가 있는 곳에 한 남자가 손에 연필을 들고 종이를 든 채 마리 앙투아네트를 기다리고 서 있었다. 그가 바로 가장 비열한 인물이며, 또한 그 시대의 가장 위대한 예술가였다. 그는 혁명 동안에는 권력을 쥔 사람들 밑에서 일을 했으나 그들이 위험에 처하자 그들을 저버렸다. 혁명 주에도 폭군의 적대자였던 그는 새 독재자가 나타나자 제일 먼저 방향을 돌려 나폴레옹의 대관식을 그렸다.

마리 앙투아네트는 운명 앞에서 영웅적인 삶을 살기보다는 품위 있게 죽을 줄밖에 몰랐던 슬픔의 명이 땅으로 스며드는 날, 그는 단숨에 종이에다 형장으로 가는 왕비의 모습을 그렸는데 놀랄 만큼 뛰어난 스케치였다. 이미 아름다움은 사라진, 약

자크 다비드(Jacques Louis David)가 단숨에 그린 마리 앙투아네트의 두 손이 뒤로 묶인 채 형장 직전으로 가는 모습

간의 자부심만이 남아 있는 여자의 모습을 잘 보여주고 있다. 입은 거만하게 다물고, 속으로 외치고 있는 사람처럼, 눈은 냉담하고 손은 뒤로 묶인 채 마치 왕좌에라도 앉아 있는 것처럼 죄수 호송 마차에 꼿꼿이 앉아 있는 여자를. 돌처럼 굳은 얼굴 윤곽에는 말할 수 없는 경멸이 흘러내리고, 솟아오른 가슴에는 흔들리지 않는 결심이 엿보였다. 인내는 고집으로 변하고 고통은 마음속 깊은 곳에서 힘이 되어 이 괴로운 인간에게 무시무시한 위엄을 주었다. 증오심조차 훌륭한 태도로 죄수 호송 마차의 굴욕까지 굴복하고 있는 마리 앙투아네트의 품위를 이 종이 위에서 배제시킬 수 없었다."

지그 다비드

가장 비열한 인물인 이 화가는 1748년 8월 30일 파리에서 출생하였다. 19세기 초 프랑스 화단에 군림하였던 고전주의 미술의 대표자이다. 1774년 당시의 화가 지망생들이 동경하던 로마대상을 획득했다. 이듬해부터 1780년까지 로마에 머무르면서 고전 프랑스 혁명 당시 자코뱅 당원으로서 혁신 측에 가담하여, 로베스피에르가 실각하자 투옥되었다. 그렇지만 후에 나폴레옹에게 중용되어, 예술적·정치적으로 미술계 최대의 권력자가 되어 화단에 많은 영향을 끼쳤다. 나폴레옹 실각 후 추방되어 1816년 브뤼셀로 망명하였고, 조국으로 돌아오지 못하였다.

마리 앙투아네트로 모티브를 하여 뮤지컬과 영화로 제작되었지만, 책에 비하면 빙산의 일각이다. 이 책은 인간의 심리와 내면세계를 작가의 명민한 감각으로 심혈을 기울였다는 것에 가슴이 크게 고동쳤다. 책을 가끔 재독하는 편이지만, 세 번을 읽어 본 책 『마리 앙투아네트 베르사

유의 장미』이다. 책을 덮고 강한 울림과 여운으로 쉽사리 책을 놓을 수가 없었다. 깊숙하게 가슴속으로 패여 버렸다.

마리 앙투아네트의 수식어 베르사유의 장미가 붙는다. 프랑스를 대표하는 베르사유의 궁전은 바로크 양식의 결정판

몽파르나스 일대 카페 거리

으로 화려함과 사치의 대명사이다. 장미, 또한 아름다움과 열정을 상징하며, 그 아름다움은 낙화로 부각된다. 이런 상징에 걸맞게 마리 앙투아네트는 베르사유의 장미로 화려하게 피어서 사그라졌다. 내용에 빠져 어디가 팩트고 어디가 픽션인지 도무지 종잡을 수가 없었다. 하지만 서두에 밝힌 바가 있지만 저자 츠바이크는 역사의 사실을 연구하여 그런 과정을 사실에 입각하여 걸출한 실력으로 탄생된 책이다. 그래서 더 감정이입하여 몰입할 수 있었다.

에스까르고

나는 책 추천을 하는 편이 아니고 추천을 받는 편도 아니다. 주로 새로운 책을 읽게 되는 계기는 우연히 발견되면 독서 취향에 맞춰 본다. 문학과 예술을 지적 자양분이라 여기는 독자가 이 책을 접하게 되면 진가를 알게 된다. 파리로 여행 가지 않더라도 문학적 가치로써 프랑스가 더 가깝게 느껴질 것이다. 실은 지금 바로 비행기 티켓을 끊고 싶어진다. 파리지엥들이 즐기는 방식으로 보졸레 와인을 홀짝이며 에스까르고(달팽이) 속을 빼먹으러 당장 떠나고 싶어진다.

『마리 앙투아네트 베르사유의 장미』 책 풀이 떨어져 너덜너덜하다.

PART 8

『미술과 문학에 나타난 그로테스크』 볼프강 카이저

『오페라의 유령』
: 가스통 르로의 장편소설

『레 미제라블』 빅토르 위고
: 완독의 기쁨

『너의 초록으로 다시』 나태주
: 초록 선물 배달

『내가 틀릴 수도 있습니다』 비욘 나티코 린데블라드
: 여름휴가 독서 모드로 켜다.

『책만은 '책'보다 '책'(冊)으로 쓰고 싶다』 박진숙
: 이태준 작가, 빚어낸 문학의 세계

『그 섬에 내가 있었다』 김영갑
: 제주 오름의 숨결

『나, 참 쓸모 있는 인간』 김연숙
: 『토지』 독자와 공유하다.

『히페리온』 횔덜린
: 짜라투스트라의 효시라?

「미술과 문학에 나타난 그로테스크」 볼프강 카이저

그 사람 참 그로테스크하다. 그로테스크한 소설이다. 그 영화 그로테스크스럽게 연출되었다. 우리 주위에서 이렇게 그로테스크라는 단어를 가지고 명사처럼 쓰기도 하고 때론 형용사처럼 꾸며주며 그리고 부사로써 다양한 방식으로 표현한다. 이 단어는 이미 예술적 용어로 사용되고 있다.

그로테스크(Grottesco)란 도대체 어떤 의미를 가지고 있는가? 이것은 괴상하고 기이하고 흉측 하거나 우스꽝스럽다는 뜻이다. 또 다른 의미는 인간이나 사물 따위를 괴기스럽게 묘사한 예술미를 일컫는다. 넓은 의미로써 문학 분야, 미술, 음악, 무용 그밖에 영화를 비롯하여 예술의 각종 영역까지 포함한다. 이것을 하나의 미학적 범주로 보면 된다. 특히 그로테스크 문양으로 르네상스 시대 즐겨 쓰여 라파엘의 바티칸 궁전 로지아의 장식과 같은 걸작을 낳았다. 그 후 장식적 패턴을 떠나서 기괴하고 환상적인 표현을 통상 그로테스크의 명칭으로 부르게 되었다.

로마 바티칸 성당 천장 그로테스크 문양

여기서는 미술에 사용된 범위를 언급하고자 한다.
그로테스크는 고대 유물로부터 영감을 받은 특정 양식의 장식미술로

현실의 질서가 파괴된 세계와 대면할 때 긴장감과 섬뜩한 한 부분을 그려냈다. 사물, 식물, 동물 인간의 영역에 대한 명확한 구분도, 정역학의 질서, 대칭의 질서, 자연스러운 크기의 질서도 없다. 16세기에 그로테스크를 지칭하던 또 다른 편인 『화가의 꿈』(sogni dei pittori)에도 이점은 잘 드러난다. 인간세계의 모든 것이 질서의 파괴와 그로테스크 장식에서 표현된 새로운 세상을 체험하게 되는 영역을 이렇게 부른 것이다. 또 이 시기부터는 장식 예술의 특별한 양식으로 나름의 모티브와 구도를 갖추고 있으되 결코 특정 표현방식에 얽매지는 않는다. 그래서 소용돌이 장식이라 부른다.

미술사에서는 소 피터르 브뤼헐(1564-1638)이 거론되었다. 즉 '지옥의 브뤼헐'로 부르기도 한다. 18세기에는 그이의 부친과 손자까지 지옥의 장면들을 그렸다. 오늘날까지도 누구의 것인지 구분이 어려울 정도다. 그리고 당대 연구가들은 히에로니무스 보스(1450경-1516)의 소묘 작품들을 판화로 제작하며 보스의 형태 기법 관점에서 커다란 영향을 받았다.

회화 속의 초현실주의 범주에서 형이상 회화 화가 살바도르 달리의 작품 『불타는 기린』도 그로테스크하다. 이 그림은 통일성이나 소재가 지닌 독자적 특성은 사라지고 없다. 왜곡되고 뒤틀리고 분해된 형상, 구역질 나고 혐오스러운 형

살바도르 달리 〈불타는 기린〉
캔버스 유화 35x27cm 1939-1937

상이 의도적으로 '사진처럼 사실적으로' 묘사된 광경은 감상자가 그림 앞에 오래 서 있기도 힘들게 만든다.

게다가 달리는 대상들을 단순히 나열하는 데 그치지 않고 서로 뒤섞거나 해체하기도 한다. 인간의 몸뚱이에서 궤짝들이 솟아나는가 하면, 기계적인 것과 육체적인 것이 뒤섞이고, 각 부분이 동시에 여러 대상에 속하기도 한다.

예술은 어떤 측면에서 보면 너무 추상적이면서 모호해서 작품성을 인정해야 할지 난감할 때가 있다. 평론가들에 의한 평을 차용해 보면 '그런가?!' 하면서 마지 못해 따라 갈 때도 있다. 내 견해로서는 몬드리안 그림 중에 『빨강, 파랑과 노랑의 구성』 선과 면으로 피사체 본질만 그려 놓은 것에 어떤 작품성이 있다는 말인가? 도무지 납득이 가지 않는다. 어느 날 이 그림은 어디가 위인지 밑인지도 모른 채 평론가도 모르고 거의 100년 가까이 애호가들에게 전해져 오고 있다는 정보를 접하고 당황스러운 적이 있었다.

제임스 암소르의 『음모』, 캔버스에 유채 90 x 150 cm 1890 안트베르펜 왕립 미술관)

마지막으로 제임스 앙소르는 (벨기에 출신) 프랑스 인상주의에 대한 지식을 기반으로 선을 해체하고 겹쳐 잇는 새로운 화법을 고안해 냄으로써, 악마성을 띤 무기물의 세계와 전율을 일으키는 상상의 공간을 강렬하게 표현했다. 또한 기괴하고 특이한 그림을 그리면서 수많은 논란을 일으키게 되었다. 그 독특한 것은 인간을 생소한 존재로 만들어 버리는 방식으로 그린 제임스 앙소르 『음모』 이 그림에서 인간은 어릿광대나 가면을 쓴 형상으로 등장한다. 이는 그 자체로 그로테스크를 만들어 내는 모티브이자 구성요소이기도 하다. 그로테스크는 감각적인 표현방식으로 형체 없는 형상, 즉 얼굴

없는 세계의 얼굴로 감각적 모순이라는 것이다. 모순의 개념 없이는 인간의 사고도 없듯이 모순 없이는 예술도 인간 세계도 생각할 수 없다.

예술인은 실현성이 부족한 것을 그로테스크한 창법으로 창조해 냈다. 일반 사람은 근접할 수 없지만 작가가 작품화한 그로테스크를 접할 수 있도록 문을 열어 주었다.

「오페라의 유령」
: 가스통 르로의 장편소설

"부산에서 내한 공연한다." 소식에 나의 동공이 커지고 귀가 솔깃하여 망설임 없이 바로 예매했다. 구태의연한 표현이지만 '아는 것만큼 보인다.'라는 말에 동의하면서 원작을 먼저 읽고 싶어졌다. 나는 이 말에 '호기심 가는 만큼 보인다'로 표현해 본다.

소설 원작으로 하여 뮤지컬의 대명사로 불리는 앤드루 로이드와 브로드웨이 최장기 공연이라는 타이틀로 세계 기네스북에 등재된 뮤지컬이다. 영화로도 제작 되었다. 내용은 워낙 많이 알려져서 요약할 필요는 없겠다. 그래도 뮤지컬에서 다루지 못하는 면밀한 부분이 책이기 때문에 직접 읽고 정리해 보기로 했다. 에필로그에서 작가 가스통 르로는 이 소설을 모티브를 하게 된 동기와 실제 인물 에릭에 대한 기막힌 사연을 풀어 놓았다. 내막을 알면 에릭에게 홀딱 쏠리게 된다. 실존 인물로서 소설보다 더 가까이 마음이 가는 인물이다.

오페라의 유령은 에릭이라는 인물로 출발하여 상대인 크리스틴, 오페라 극장의 평범한 여가수, 그리고 그녀의 어린 시절 친구였던 라울과 삼각관계이다. 에릭은 기형적인 외모로 태어났다. 오페라의 극장 지하에서 유령처럼 거주하면서 천상의 목소리로 크리스틴에게 노래를 가르쳐 주며 사랑에 빠지게 된다. 에릭 덕분에 크리스틴은 유명해지고 다시 만난 라울과 유령인 에릭은 삼각관계로 질투를 느낀 에릭은 공연 중에 크리스틴을 납치한다. 라울은 행방불명 된 그녀를 찾기 위해 위험을 무

릅쓰고 페르시아인(다로가)와 함께 오페라 극장 지하로 유령 같은 어둠 속으로 들어가게 된다. 옛날 서로가 파리에 오기 전 다로가와 에릭은 유일하게 가까이에서 접했던 사이였다.

　누구보다 에릭을 잘 아는 다로가의 도움으로 라울(크리스틴의 연인)은 크리스틴을 구하러 에릭의 거처 지하세계로 들어가 극적으로 크리스틴을 발견한다. 그러나 에릭의 계략으로 그들은 함정에 빠진다. 에릭은 크리스틴에게 자신과 결혼을 하자며 만약 거절을 하면 지하에 있는 화약으로 많은 사람들이 죽게 될 것이라며 협박을 한다. 그러나 결국 에릭은 크리스틴의 진실한 마음을 알고 진정 깊은 곳에서 우러나오는 경건한 감정으로 그녀와 라울을 풀어 주고, 지하에서 정신을 잃었던 다로가를 집에까지 데려다 준다. 두 젊은이는 에릭한테 풀려 나가서 어느 한적한 곳, 신부를 찾아가 거기서 둘만의 행복을 가꾸기로 하고는, 〈가르 뒤 노르〉 역에서 기차를 잡아탔다고 에릭은 다로가에게 귀띔해 주었다.

　마지막으로 에릭은 다로가에게, 자신이 보내주겠다고 약속한 유품들과 편지들을 받는 즉시 두 사람에게 자신의 죽음 소식을 꼭 알려달라고 신신당부하는 것이었다. 그러려면 〈에포크〉지의 부음란

오페라 가르니에

에 단 한 광고만 내면 된다는 방법까지 일러주면서 말이다. 그렇게 모든 것이 끝났다. 그로부터 3주 후, 〈에포크〉지에는 다음과 같은 짤막한 부음이 실려 있었다. 〈에릭 사망〉

〈에필로그〉
　그럼 에릭은 실제 어떤 인물이었는가?
　에릭은 루앙 근처의 어느 작은 마을에서 천성적으로 기형적인 외모로 태어났다. 아버지는 벽돌 기술자였다. 어머니는 아들인 에릭에게 기괴한 외모에 키스조차 꺼려 했고, 그는 가정에서 골칫거리로 외면당했다. 어린 나이에 집을 뛰쳐나오게 된다. 그 후 한동안 저잣거리의 구경거리로 나섬으로써 겨우 살아가며, 집시들을 따라 다녔다. 전 유럽의 장터로 떠돌며 집시의 특유인 예술과 마술에 뒤섞인 기기묘묘한 기예와 지혜를 터득했다. 특히 그의 뛰어난 노래 실력은 타의 추종을 불허했다. 그 에다 복화술과 온갖 곡예로 명성을 얻게 된다.
　또 그는 마침 마젠테란의 궁전 벽을 넘게 되었고 샤(페르시아의 왕의 존칭)의 총애를 받는 어린 왕비의 지루해 하는 귀를 즐겁게 만들었다. 다로가(페르시아인 에릭과 가장 가까이에서 접했던 인물)에게 에릭을 찾아오라는 샤의 임무가 내려졌다. 마침내 에릭은 처음 몇 달 동안 나는 새도 떨어뜨린다는 막강한 권력의 맛을 누리게 된다. 이런저런 악행을 도맡아 저질렀는데, 그는 선과 악을 구분할 줄 모르고 몇몇 정치적인 암살에도 은밀히 관여를 했다. 제국에 저항하는 아프가니스탄의 우두머리도 극악무도한 발명품으로 손쉽게 제거했다. 에릭은 건축에 있어서도 무척이나 독창적이면서 남다른 자질을 가졌다. 샤의 새로운 궁전을 건축하고 완성한 궁전은 샤가 그 누구의 눈에도 띄지 않게 마음대로 돌아다녔다. 그리고 쥐도 새도 모르게 어디로 사라질 수 있도록 신묘한 통로와 문들로 복잡하게 얽혀 있는 건물로 지었다. 천재적인 에릭의 재주에 막상 놀란 샤는, 에릭의 황금빛 눈동자를 빼내 버리라는 명령을 내리고 만다. 허나 좀 더 심사숙고하던 샤는, 에릭 같은 인물이라면 설사 눈이 멀더라도 또 다른 군주를 위해 이보다 더 나은 궁전을 얼마든지 만들어낼 수 있으리라는 결론에 부딪친다.
　눈알을 빼라는 명령 대신 죽음의 지시가 새로이 떨어졌고, 하필 그 끔찍한 지시가 다로가에게 지목된다. 에릭은 다로가에게 몇 가지 도움

을 준 바 있고, 서로 웃으며 지내는 사이였다. 다로가는 이 나라로부터 도망갈 수단까지 에릭에게 마련해 준다. 그 즈음 다로가는 파리로 은둔하고 만다. 한편 에릭은 소아시아를 거쳐 콘스탄티노플로 가, 터키 혁명 이후, 술탄에게 충실히 봉사했다. 또다시 페르시아에서 도망쳤던 것과 똑같은 이유로 술탄의 곁을 떠난다. 마침내 기괴하게 꼬일 대로 꼬인 인생 역정에 지친 나머지, 비로소 에릭은 보통 사람들과 다름없는 평범한 인생을 꿈꾸게 된다.

그는 프랑스로 건너와 오페라 극장의 기반 공사 중 몇 개의 일을 맡아 공사에 투입된다. 이처럼 엄청난 건물의 지하 공사를 진행하다 보니, 그의 예술적이고 환상적인, 나아가 마술적인 기질이 슬슬 발동하는 것이었다. 게다가 자신의 몰골을 부끄러워하며 언제까지나 세상 눈치만 보며 살 수는 없는 일 아닌가? 결국, 그는 세상과 동떨어진 자신만의 거처를 오페라 극장 지하에 만들어서, 사람들의 시선을 피해 그 속에 틀어박힐 생각을 품게 된다. 건축 당시 지하에 물이 차서 애를 많이 먹었다고 한다. 펌프로 퍼내고 또 퍼냈음도 계속 물이 차올랐는데 가스통 르루는 『오페라의 유령』 소설에서 지하 호수에 대한 아이디어를 이 부분에서 얻었다 한다. 소설 배경이 된 과정이 드라마 보다 더 드라마틱하다. 뮤지컬이 아주 기대된다.

「레 미제라블」 빅토르 위고
: 완독의 기쁨

『레 미제라블』을 완독했다. 무척 뿌듯하다.

14세기 흑사병의 공포는 유럽에 엄청난 악영향을 끼쳤고 이후에도 페스트의 위력은 심심찮게 계속되어 수많은 인명을 앗아갔다. 흑사병이 가져온 유럽인들의 공포와 사고의 변환을 잘 보여 주는 문학작품이 바로 보카치오의 『데카메론』이다. 근대에는 알베르 카뮈 『페스트』로 공포와 죽음, 이별의 아픔 등 작품으로 다루었다. 그러한 극한의 절망적인 상황 속에서 수많은 흑사병 관련 작품이 전해지고 있다.

2020년 두고두고 기억할 한 해가 저물어 가고 여전히 전 세계 인류가 코로나에 맞서 여리박빙(如履薄氷) 같은 심정으로 하루빨리 종식되기를 바란다. 우리에게 스며든 긴장 속에서 나름 나만의 루틴으로 성실한 독자가 되었다. 내가 가지고 있는 『레 미제라블』은 1992년 2월에 발행한 책이라 페이지가 500여 넘는 두께로 1,2,3권으로 구성되어 있다. 요즘 분량으로 측정하면 책 5권 정도가 된다. 두꺼운 만큼 내용도 얼마나 방대한 지 팬덤 측에서 이 소설 원판을 부를 때 "벽돌(The Brick)"이라고 부를 정도란다.

『레 미제라블』의 방대한 내용은 결코 쉽게 읽히지 않는다. 세계적인 명작이라 대중들에게 많이 알려져 있긴하다. 1795년 혹독하게 추운 겨울 어느 날, 장 발장은 굶주린 어린 조카 일곱 명을 위해 가게에 창살 달린 유리 진열장을 깨고 빵(빵 이름: 캄빠뉴)을 훔친 죄로 5년형을 선고받는다. 하지만 여러 번 탈옥을 시도하면서 19년형으로 징역살이(노역)를 했다. 가석방으로 풀려나자마자 장 발장은 전과자라는 이유로 싸늘한 눈초리와 모진 핍박을 받는다. 하룻밤 묵기를 간절히 찾던 중 자신을 도와준 주교의 은식기를 훔쳐 달아난다. 하지만 금세 잡히게 되지

만 미리엘 주교는 경찰에게 훔친 물건을 자신이 준 선물이었다며 두 개의 은촛대까지 장에게 챙겨 준다. 장 발장은 미리엘에게 구원을 받고 새로운 삶을 결심한다. 또한 자베르 경관에게 평생을 추격 받으며 숨어 살아야 했다. 선량한 범죄자 장 발장은 바리케이드가 설치된 샹브르 릴 후미진 곳에서 자베르 경관을 한 방의 방아쇠로 악연의 고리를 영원히 끊을 수 있는 기회를 갖는다. 하지만 관용을 베푼 천사에 가까운 도형수(徒刑囚)이었다. 편집 본으로 읽었던 대중들은 소설(영화, 뮤지컬)의 흐름을 대충 이렇게 기억하고 있을 것이다. 중략-

원본에 담긴 이 유명한 줄거리는 빙산의 일각에 불과하다. '빵을 훔쳐서 형을 살고 나왔다가 개심한 장 발장의 이야기'라는 대략적인 개요나 편집본을 알고 있다. 나도 그 정도로 그쳤다. 원본에 도전하면 깜짝 놀라게 된다. 먼저 『레 미제라블』을 제대로 독해하려면 프랑스의 역사에 대해 사전 지식이 요한다. 역사를 알고 읽는다면 깊숙이 숨겨진 보석을 발견한 듯 야금야금 캐내 가는 진가를 느낄 수 있다.

원본의 배경은 1789년 프랑스 혁명으로 절대왕정을 전복시킨 역사적 사건이었다. 루이 16세와 마리 앙투아네트가 차례로 단두대에 처형되어 종말을 고했고, 국내의 위장 왕당파나 지롱드파는 활개를 펴고 활동을 획책하였다. 민중들은 식량위기에 허덕이고 악덕 부르주아를 공격하는 외침이 끊이지 않았다. 반혁명 세력들은 하루가 멀다 하고 단두대에 오르고 공포정치의 1년 동안 1만 명 정도가 목숨을 잃었다. 그러나 그 혁명은 한 번에 세상을 바꾸지 못했다.

1799년 혁명 장군을 자칭한 나폴레옹이 쿠데타로 제1통령에 취임한 뒤 프랑스는 질서와 안정을 되찾았다. 그런데 1804년 5월에 자신을 황제로 임명한 나폴레옹은 그 해 12월 2일 노트르 담에서 대관식을 거행한다. 프랑스 혁명 15년 만에 공화국에서 왕당파 황제의 나라가 되고 만다. 나폴레옹은 십 년 정도 여러 전투 등이 이어지고 1815년 워털루 전투에 패배를 하고 남 대서양의 외딴섬으로 유폐됐다. 국내외 정치 혼

란이 정점에 이른 시기에 장 발장이 풀려난다. 당시 프랑스는 전반적으로 위기와 혼란의 시대였다. 물가는 날로 치솟았고 민중의 고통은 극심하고 반인권적 형벌 제도가 판을 쳤다.

1830년 7월 혁명이 다시 일어난다. 복고된 왕정을 다시 무너뜨리고 정치체제 교체를 가져온 사건. 중산층에 가까운 루이 필립을 '시민의 왕'으로 뽑으면서 7월 왕정을 수립했다. 『레 미제라블』에서 1832년 6월 봉기 바리케이드 위에 반란군이 등장한다.

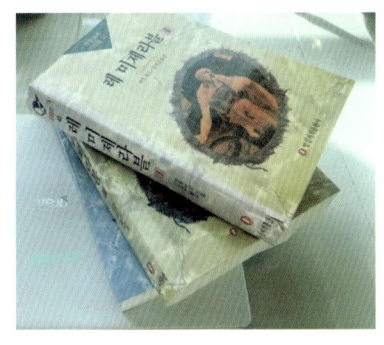

작가 빅토로 위고는 젊은 시절부터 사회 고발 소설을 구상했고 1845년 11월부터 본격적으로 『레 미제라블』 집필에 들어가서 16년만(1860년 12월)에 망명지인 건지섬에서 탈고했다. 레 미제라블 Les Misérables 의 뜻은 불쌍한 사람들이다. 즉 19세기 프랑스 사회의 냉대 받는 소외계층의 비참한 사람들의 군상을 적나라하게 그려냈다. 당시 격변하는 프랑스 사회와 풍습과 다양한 문제에 관한 위고의 견해가 빽빽하게 서술되어 있다. 프랑스 역사를 어설프게 알고 이 소설을 읽기엔 다소 버거울 수 있다.

소설을 읽을수록 줄거리 사이사이 마술처럼 풀어내는 어휘력에 놀라고 장황하게 펼쳐지는 이야기에 놀란다. 또한 불쑥불쑥 늘어놓은 TMI(TO Much Information: 사족)에 지긋한 참을성을 요하기도 한다. 발매 당시 일반 독자의 열광과는 달리 작가와 비평가들이 리얼리즘의 입장에서 혹평했다던 의문점을 책을 직접 읽으면서 명확하게 느낄 수 있다. (개연성이 결여된 허점을 발견하고 뜨악했다.) 그 점에서 희열은 상당히 컸다. 그런데도 이 대작의 본질적인 가치를 저버릴 수 없는 위력을 재인식하게 된다.

작가는 시대 배경을 반영하여 힘없지만 목숨 걸고 코제트를 지키는 장 발장의 운명, 비참하고 불쌍한 사람으로 대표적인 인물인 팡틴의 처절한 운명, 팡틴의 딸 코제트(종달새) 어린 나이 온갖 서러움을 겪어야 했던 운명들은 민중들을 대표했다. 또 인간이 어디까지 잔인하고 악랄한가를 낱낱이 드러내는 테나르디에 부부의 인간상은 시대의 인간 한계를 대변하지 않았나 싶다. 또한 노트르 담 다리와 센 강 암벽 사이 모퉁이 난간에서 소용돌이치는 급류 속으로 떨어진 자베르 경관의 심경, 부랑아의 요정 가드 로슈의 죽음까지 긴장을 놓지 못하게 했다. 바리케이드에서 유일하게 살아남은 마리우스 등 등장인물의 군상은 19세기 프랑스 민중들의 슬픈 역사이다.

『레 미제라블』과 뗄 수 없는 작품이 있다. 바로 프랑스 화가 들라크루아와 빅토르 위고는 실제로 겪은 혁명, 『민중을 이끄는 자유의 여신』과 『레 미제라블』로 표현한 1830년 7월 혁명이다. 그들은 동시대 인으로서 민중의 아픔을 고발하며 루이 필립에게 권력을 가져다 주었던 1830년 7월 혁명을 기념하는 작품으로 프랑스 혁명의 정신의 상징이 되었다. 이 그림은 1831년 살롱전에서 센세이션을 일으켰고 루이 필립은 자신의 왕위 등극을 기념하기 위해 이 그림을 구입했다. 그러나 사실 그는 이 그림이 선동의 가능성이 농후하다고 간주하여 대중들의 시야에서 치워버렸던 것이다.

『레 미제라블』 인물들을 알고 있다면 이 그림과 매치되는 인물을 확인할 수 있다. 자유의 여신 오른쪽 남자 아이는 가브로슈의 모티브가 된 인물이다. 혁명 단원 중 가장 어린아이이다. 이 아이가 군인이 쏜 총에 맞음으로 혁명단

〈민중을 이끄는 여신〉, 루브르 박물관 소장.

원들의 마지막 저항 의지를 불태우게 된다. 모두가 치열하게 싸우다가 죽게 된다. 대혁명 뒤에 정치 혼란과 민중의 비참한 생활상을 빅토르 위고는 글로서 들라크루아는 그림으로 부조리한 사회의 비참함을 민낯으로 드러냈다.

『너의 초록으로 다시』 나태주
: 초록 선물 배달

택배가 배달되었다. "그 택배 엄마 거야." 결혼한 딸아이에게 카톡이 왔다. 푹푹 찌는 무더위에 아이스커피로 목을 축이고 있었다. 시원한 소나기가 그치고 예기치 못했던 찰나 무지개를 발견하는 기분으로 포장을 뜯어보니 표지가 독특하다. 시집이다. 보통 표지 위에 그림엽서처럼 한 겹 덧붙여 있다. 프리랜서로 일을 하면서 아이 키우느라 바쁜 와중 책을 선물해 주는 세심한 딸의 배려가 가상하고 고맙다. 『너의 초록으로, 다시』 나태주 한서형향기 시집이다. 나태주 시인이야 워낙 저명한지라 '음, 나태주 시집이구나 싶었는데, 한서형은 누구지?' 낯선 이름이라 검색 해 보았다. 향기를 만들어 내는 조향사? 액체로 된 향이 아니라 시그니처 향을 개발하여 향을 다루는 향기 작가란다.

『너의 초록으로, 다시』 그에 맞는 향기를 개발해 담은 시집이다. 향기를 접목해 시를 느낄 수 있게 만든 새로운 시도이다. 즉 향기 시집으로 나태주 시와 한서형 향으로 만들어 낸 합작품이다. 시를 읽기 전 따로 포장된 책갈피를 뜯어보니 은은하고 오묘한 향이 느껴졌다. 무슨 향인지는 모르지만 살짝 기분이 전환된다. 그 향은 풀과 나무 냄새, 꽃내음 같은 자연을 담은 향인 거 같다. 알아보니 천연 에센셜 오일 9가지를 섞어 만든 향이라 한다. 나태주 시인은 오랫동안 향기나는 시집을 내는 게 꿈이었고, 한서형 작가도 향기를 담은 책을 언젠가 내고 싶었던 것이 꿈이었던지라 서로의 뜻을 합쳐 향기 시집으로 탄생되었다.

책 전체가 향이 나는 것은 아니고 그렇다고 해서 덧붙인 책 표지에 향이 나는 것도 아니다. 그냥 책갈피에서 향이 나는데 굳이 향기 시집이라 하긴 상품성을 드러내는 시그니처가 아닌가 하는 생각이 든다. 어쨌든 나태주 시는 난해하지 않아서 좋다. 짧지만 긴 울림으로 묘하게

가슴에 팍 박힌다. 나는 나태주 시에서 '이분 늘 연애하는 사람 같구나.' 하는 느낌을 받았다. 알고 보니 시인은 열여섯 살 때 어떤 여자가 좋아서 그 여자에게 연애편지를 쓰다가 시인이 되었단다. 그 대상이 세상으로 바뀌어서 러브 레터가 되어 예쁘고, 사랑스럽고, 좋고, 울렁이는 마음을 담아 쓴다고 했다.

'향기로'

향기는
자랑하지 않는다
향기는
고집 부리지 않는다

다만 하나가 되어
서로를 사랑할 뿐이다

당신,
나의 향기가 되어주십시오.

- 너의 초록으로, 다시 - 수록

    향기 책갈피를 끼워서 시를 읽으면 향이 은은하게 퍼진다. 이 시집은 인쇄 냄새가 폴폴나는 따끈한 신간(2022. 7)인데 한 달 만에 2판 인쇄 발행이란다. 작가도 브랜드다. 사람들은 브랜드에 쫓아가는 경향이 있다. 그런 의미로 이 시집은 상품성이 짙은 편이다. 나는 학창 시절부터 책을 선물 받아 왔고 간간이 선물을 하기도 한다. 그럴 때마다 받는 사람은 책을 선물 받아 좋고 주는 사람은 선물할 책을 고르면서 또 한 번 기분이 좋아진다. 이런 맛을 아는 사람이 내 주위에 여전히 있다는데 흐뭇하다.

'선물'

하늘 아래 내가 받은
가장 커다란 선물은
오늘입니다

오늘 받은 선물 가운데서도
가장 아름다운 선물은
당신입니다

당신 나지막한 목소리와
웃는 얼굴, 콧노래 한 구절이면
한 아름 바다를 안은 듯한 기쁨 있겠습니다.

- 너의 초록으로, 다시 - 수록

무더위가 극성을 부리고 있을 동안 이 시집으로 잠시 잠시 더위를 잊을 수 있을 거 같아 초록 선물에 딸내미의 향기가 난다.

「내가 틀릴 수도 있습니다」 비욘 나티코 린데블라드
: 여름휴가 독서 모드로 켜다.

읽던 책을 들고 미장원에 갔다.

퍼머를 하려면 보통 3시간 정도 걸리기 때문에 꼭 책을 챙기는 편이다. 머리가 끝나기 전 책을 다 읽었다. 책을 덮으며 이 책에 대한 찬사를 훑어봤던 도종환 님의 평과 공감 선이 통했다. 나 역시 울컥해 소파에서 뒹굴고 있는 원장 딸 초등학생 2학년인 아이에게 공연히 이것저것 물어보며 마음이 서성였다. "내가 틀릴 수도 있습니다"라는 말은 단순하지만 한 번도 깊게 생각해 본 적이 없다. 그럼에도 마치 오래전에 생각했던 것처럼 친숙하게 와닿는다. 또한 의미심장하게 박혔다.

이 책으로 여름휴가를 거뜬히 보내다.

저자는 스웨덴 출신으로 26살에 다국적기업 가스회사에서 재무담당 최고 책임자가 될 예정이었다. 성공 다도를 달리고 있었지만, 문득 성공이 행복을 보장하지 않는다는 사실을 깨닫고, 승려의 길을 택했다.

태국 숲 속 사원에서 7년, 영국 숲 속 사원 7년 그리고 스위스와 여럿 나라를 3년 정도 돌며 명상 수련회를 이끌었다. 17년 동안 머물렀던 사원을 떠나 환속하고 고향인 스웨덴으로 돌아왔다. 사원에서 수행하면서 얻은 깨달음과 지혜를 명상과 연설로 통해, 많은 사람들과 공유하며 삶을 더 순조롭게 헤쳐갈 수 있도록 지도했다.

그는 속세에서 귀인(엘리사베트)을 만나 결혼을 하게 되지만 루게릭병으로 버튼을 잠글 수도 없고 소파에서 일어나기 어렵게 되고 점점 숨을 쉬기 어려워졌다. 이 사실보다 자기를 들여다보고 웃는 아내의 얼굴에 집중할 수 있다는 것에 자기를 살리는 일이라며 죽음을 준비했던 것이다. 고통은 언제고 우리를 찾아온다. 작은 것도 있고 큰 것도 있는데 그에게도 피할 수 없는 고통을 껴안게 되었다. 그는 17년간 불안에 집착하는 대신 관심의 방향을 선택할 능력을 키웠다. 『내가 틀릴 수도 있습니다』라는 깊고 잔잔한 화두를 남기고 2022년 1월 (61세) 세상과 이별을 맞이했다.

"17년 동안 승려로 수행하면서 배운 가장 중요한 가르침은 무엇입니까?"

어느 기자에게 질문을 받는다. 하지만 이 질문에 서둘러서 답변하지는 않는다. 여느 수행자답게 영적으로 성장하기 위해 부단히 노력해 왔던 과정에서 배운 것을 담담하게 풀어 놓는다. 마법의 주문이라 할 수 있는 이 책의 제목인 "내가 틀릴 수도 있습니다." 이 말은 태국 사원 아잔 자야사로 스님(영국인)으로부터 들은 설법이었다.

"갈등의 싹이 트려고 할 때, 누군가와 맞서게 될 때",
"내가 틀릴 수도 있습니다."

이 주문을 마음속으로 세 번만 반복하세요. 어떤 언어로든 진심으로 세 번만 되뇐다면, "여러분의 근심은 여름날 아침 풀밭에 맺힌 이슬처럼 사라질 것입니다."

> "내가 틀릴 수도 있습니다.
> 내가 틀릴 수도 있습니다.
> 내가 틀릴 수도 있습니다."

저자는 20년이라는 세월이 흘렀지만, 이 주문을 기억했다.

> "더 겸손하고, 더 건설적인 방향으로 갈 수 있게 하는 이 지혜는 시대를 초월하며, 특정한 종교에 한정되지 않는다."

내가 자라면서 선친께 "급한 일이 있을 때 침을 세 번 삼켜라. 그러면 살인을 면한다."라는 말을 곧잘 듣고 자랐다. 단정적인 말 같지만 유연한 사고를 키우라는 뜻이었지 싶다. 조언과 지혜는 언제나 마음에 와닿지만 몸소 실천하기는 쉽지 않다.

나는 어떤 관계에서 본인이 확신을 가지고 있는데, 상대와 상반된 생각이라면 상대를 고려 하는 것보다 나의 확신을 고집하는 편이다. 이런 편협한 나는 '내가 틀릴 수 있다.'라는 겸손한 미덕을 발휘하지 못한다. 저자는 우리가 극히 무지하다는 것을 이해할 때 지혜가 싹튼다고 했다. 명치를 찌르는 글귀다. 내 무지를 알아차리지 못하고 아집이라는 울타리를 철저하게 둘러싼 꼴을 들키는 기분으로 남루해졌다. 짧은 알아 차림이지만, 마음이 움츠러들고 습기가 차올랐다.

> "인간은 본래 자신이 더 행복해지는 방향으로 살아가려는 습성이 있다. 그리고 '내가 틀릴 수 있어' 내가 다 알지는 못해'라는 생각에 익숙해지는 것만큼이나 우리가 확실하게 행복해질 방법은 흔치 않다."

이 말속에는 겸손과 미덕을 내포한다. 작가는 자신을 낮춰 삶의 유연성을 제시한다. 그리고 사람의 본질에 대해 위로까지 아끼지 않으며 우리에게 행복할 방식을 전달해 준다. 책 속에 줄을 그어놓은 부분들이 많아졌다. 머리맡에 뒀던 다른 책은 이제 책꽂이로 보내고 이 책으로 잠이 듬성듬성 들 틈에 펼쳐 봐야겠다.

「책만은 '책'보다 '책'(冊)으로 쓰고 싶다」 박진숙
: 이태준 작가, 빚어낸 문학의 세계

읽다 만 책을 다시 읽기 시작했다. 1930년 당대 우리 문단에서 "시는 정지용, 문장은 이태준"으로 첫손가락에 꼽을 만큼 최고로 칭송받았다는데 의심의 여지가 없음을 『책만은 '책'보다 '책'(冊)으로 쓰고 싶다』 통해 새삼 알게 되었다. 읽다 만 책을 다시 보면 '왜 그랬을까? 그땐 왜 몰랐을까? 그야 보물을 가려 내는 눈이 부족했겠지 뭐'.

문학 단체 구인회를 모르고 한국 문학을 안다 할 수 없을 정도로 문학사에 굵직굵직한 문인들의 모임의 한 일원으로 활동했던 월북 작가 이태준이다. 이 책은 이태준의 향취가 느껴지는 산문들을 가려 박진숙(박사논문; 이태준 문학 연구) 씨가 엮었다. 이태준은 동서양의 문학과 예술적 소양이 방대하게 갖춘 작가였다. 시대 차이를 느낄 수 없는 유려한 문체에 놀라고, 예술적 정취가 짙고 예리한 관찰력과 서정적인 깊이로 낭만까지 넘치는 끼와 자유분방한 영혼을 가진 사람이었다.

그의 나이 6살 1909년 망명하는 부친을 따라 블라디보스토크로 이주했고 그 해 8월에 아버지가 사망하게 되어 귀국했다. 당시 흔치 않은 가정사이다. 그 후 3년 뒤 어머니마저 별세하자 철원의 외할머니 슬하에서 가난하게 성장하였다. 산문 속에 작가의 생활 반경이 얼핏얼핏 들어 있어 알 수 있듯이 일본에서 대학을 다니기도 했고 러시아를 넘나들며 타고난 감각과 감수성으로 견문을 넓혔다.

> 그림 하나를 옮겨 걸고, 빈 접시 하나 바꿔 놓고도
> 그것으로 며칠을 갇혀 넉넉히 즐길 수 있게 된다.

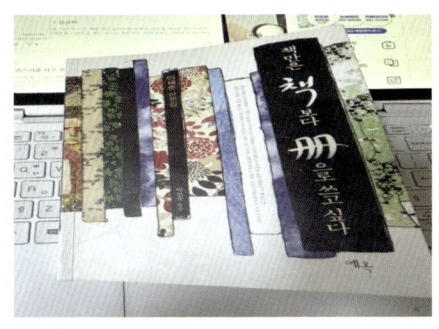

책만은 '책'보다 '책'(冊)으로 쓰고 싶다

이 부분만 봐도 성향이 부드럽고 감성의 결을 알 수 있다. 가당치 않지만, 감수성의 결이 나와 밀접해 인간적인 친밀감이 생겼다. 성장과정에서는 학비를 마련하기 위해 신문 배달과 허드렛일을 하며 자신의 길을 트여갔다. 그러한 불굴의 의지로 이태준이 빚어낸 문학의 세계 속으로 천천히 따라가다 보면 작품의 여정에 깊이 침윤해 버려 날 새는 줄 모른다.

이태준의 작품을 읽고 월북 작가로 알려진 그 유명한 백석과 겹쳐졌다. 이태준과 백석이 해방 후 월북한 작가로 문예 활동을 하다가 북한 문단에서 숙청 당했다. 합동농장으로 파직되어 백석은 농장에서 생을 마감했는데 이태준의 생사는 정확히 알 수 없다. 문학계에 활발하게 활동했던 임화와 정지용(납북)으로 이어지는 실타래가 질곡한 인생만큼이나 복잡하게 얽혀 버렸다. 당시 내로라하는 문인들이 왜 월북을 했을까 새삼 의문이 꼬리를 문다.

「그 섬에 내가 있었다」 김영갑

: 제주 오름의 숨결

가슴이 먹먹했다. 김영갑 갤러리 두모악을 갔다. 관람을 하고 와서 바로 읽은 책이다. 두모악에서 느낀 아릿했던 마음이 남아 덧댔다. 이 책을 통해 김영갑의 작품 세계관과 한 인간의 치열했던 삶의 철학을 속  속들이 접해보니 작품을 온전히 감상하지 못했다는 것이다. 또 아쉬움이 남는다. 나의 여정은 고칠 수 없는 헐렁 증후군이 있나 보다.

 예술가는 자신만의 작품을 승화시키기까지 남다른 집념과 강한 의지가 기본이지만 김영갑은 지독한 가난 속에 허기를 제대로 채우지 못한 작가였다. 예술의 길을 20년 동안 빛을 제대로 보지 못한 채 제주에 홀려 쓰러질 듯 말 듯 마치 신에게 하사받은 광기로 제주를 누볐다. 그는 설명할 수 없는 영감으로 제주 사람조차 발견하지 못한 제주의 숨결을 고스란히 보여주려 혼신의 힘을 다했다. 그러나 신은 가혹하게 그에게 루게릭병으로 삶을 앗아 갔다.

김영갑갤러리 두모악 전시관 실내

    김영갑은 병마에 시달리며 카메라도 들 수 없을 정도로 사그라져 가는 육체를 이끌며 영혼에 몰입하여 마련한 두모악 전시관이 있다. 그렇게 완성된 갤러리는 작품을 인정 받게 되면서 관람객들의 발길이 이어져 갤러리 정원까지 꾸며졌다. 그는 내일을 기약할 수 없는 몸으로 전신 근육은 다 빠져 앙상한 뼈만 남은 채, 온갖 치료를 받아 봤지만 백약이 허사였다. 2003년 그는 모든 치료를 거부하고 밤이 되면 적막한 갤러리에서 죽으로 연명해 가며 작품을 지키겠다는 일념으로 영혼을 바쳤다.

    나는 먹을 복이 없다. 먹을 것이 넘쳐나도 이제는 먹을 수가 없다.
    섬에서 사는 동안 끼니 문제는 나를 내내
    괴롭혔다.
    건강할 땐 없어서 못 먹었고, 지금은 있어도 먹지 못한다.
    날씨 따라 먹고 싶은 게 많아도 이제는 코로 먹고 눈으로 먹어야 한다.
    건강할 때 맛있게 먹었던 기억만으로
    만족해야 한다.

고독한 작가는 얼마나 절망스럽고 서러웠을까? 하지만 더 명료한 정신으로 굴하지 않고 자신의 작품을 전시할 수 있는 곳을 마련해 숨어 있었던 제주의 신비를 전해 주고 있다. 이 책은 휴먼앤북스의 몇 번의 권유로 출간된 책인데 당시 자신의 건강 상태로는 집필할 수가 없어 이전에 출간된 책에서 원고를 일부 뽑아 쓰고, 주된 내용은 구술을 하며 편집장이 정리해서 완성된 책이다. 6개월가량 걸려 2004년 1월에 책이 출간되었다. 책에는 그의 사진들이 게재되어 김영갑의 작품에 빨려 제주를 찾고 싶어지는 분명한 이유가 다시 생겼다. 책을 읽으면서 갤러리에서 동영상으로 야윈 모습과 어눌하게 말하던 그때의 모습이 떠올라 가슴이 많이 아렸다. 미술관은 2002년 여름에 열어서 2005년 5월에 그가 손수 만든 두모악 앞뜰에 유해가 뿌려졌다. 이제 그가 그토록 사랑했던 섬 제주, 그 섬에 영원히 있다.

「나, 참 쓸모 있는 인간」 김연숙
: 『토지』 독자와 공유하다.

누구나 인생 책이 있을 것이다. 나의 인생 책은 한 치의 망설임 없이 『토지』라고 힘을 주며 말한다. 20권으로 엮어진 박경리의 『토지』 책은 권 수만 봐도 지레 겁부터 먹고 망설여지는 책이라 완독한 사람이 드문 편이다. 하지만 막상 책을 읽게 되면 방대한 이야기와 600명의 인물이 그려내는 곡진한 삶과 한민족사를 엮어내는 힘에 마성처럼 빨려 들게한다. 무엇보다 작가의 필력에 홀딱 반한다. 인간의 깊은 내면을 예리하게 표출해 내고 인물에 대한 묘사는 절묘하다. 작가의 문체에 무한한 에너지를 얻고 인간 세계를 심오하게 탐사하는 기분을 들게 한다. 독서 취향이 같은 사람들과 함께 공감하며 이야기를 나누고 싶어지는 책이다.

1897년 그러니까 한말의 몰락부터 일제강점기와 1945년 해방에 이르기까지 민족사적 수난사와 지주 계층 최참판댁 일가의 중심으로 끈질긴 민족 생명력의 대서사시이다. 『나, 참 쓸모 있는 인간』은 김연숙 경희대학교 교양 교육 '고전 읽기' 표제로 박경리 『토지』 읽기를 5년 동안 학생들과 함께 읽으며 삶과 세상, 타인과 자신(작가)의 관계에 대해 고민했다. 이 책의 핵심은 『토지』 인물 중심으로 작가와 학생들의 시선과 생각을 출간한 책이다. 스토리만큼이나 방대한 600명의 인물들이 '산다는 거는...... 참 숨이 막히제?'라며 작가는 삶의 무게를 던지고 "삶은 견디며 살아가는 거라."라며 토지 속 인물의 특성과 삶의 방식을 함께 짚어 보게 하는 책이다. 수많은 사람들이 저마다 등에 자기 안에 짐을 짊어지고 삶의 의미를 찾아 타박타박 걸어갔다. 욕망에 시달리며, 상처 받고, 사랑하며, 갈등하며 몸부림쳤던 인간사를 다독여 주며 독자로서 공감을 공유한다.

이제 나는 어떤 책으로 인해 인생관을 바꿀 수 있는 병약한 나이는 아니다. 옛날 『토지』로 통해 문학의 좌표가 명확해진 건 분명했다. 독서를 통해 여태껏 나를 찾기 위해 수직 상승 존재 가치에 고군분투했다면 지금, 오늘을 산다는 것에 수평적 인생관과 원숙한 삶을 지향하는 데 초점을

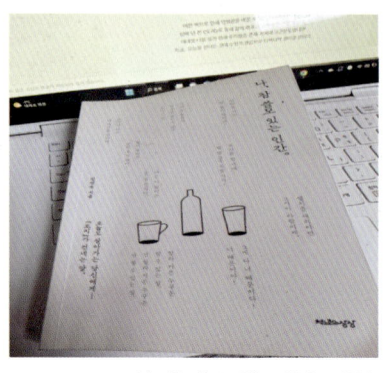

나, 참 쓸모 있는 인간, 김연숙

맞춘다. 이 책은 『토지』를 통해 느낀 감정을 공감하고 여러 견해를 엿보며 꼭 내 편을 만난 거처럼 친밀감이 생긴다.

'너도 읽었구나!'

「히페리온」 횔덜린
: 짜라투스트라의 효시라?

작가가 낯설다. 『히페리온』 제목만 보고 아테네 철학적인 냄새가 풍겨 겉멋으로 다짜고짜 샀던 책이었다. 당시 몇 장 읽지 못한 채 덮어버리고 책꽂이에서 까마득하게 세월만 쌓였다. 손꼽아 보니 무려 34년이나 흘렀다. 당시 너무 난해해서 도저히 소화를 시키지 못했다. 그렇게 내팽개쳤던 책은 세월의 흔적이 덕지덕지 묻어 누렇게 탈색되어버렸다.

왜 이제 와서 다시 관심을 가졌는가? 독일 슈바벤 횔덜린 작가가 얼핏얼핏 내게 들어와 관심이 쏠렸다. 독일 작가로서 이미 고인이 된 지 180년이나 되었고 이 책은 사후 100여 년 동안 빛을 못하고 금세기 새로운 평가를 받았다. 1, 2차 대전 당시 전선에서 전몰한 독일 병사들의 배낭에는 그의 작품이 보물처럼 간직될 정도로 독일 젊은이들에게 애정을 독차지했다. 횔덜린의 작품은 많지 않으나 작품을 통해 독일 정신에 대해 주저 없는 질타를 가한 용감한 시인으로 알려졌다.

김지하 시인은 횔덜린을 좋아하고 경외심을 가져 시집 『화개』에 '횔덜린'이란 시를 실기도 했다.

제목: 횔덜린

김지하

횔덜린을 읽으며 운다

나는 이제 아무것도 아니다
즐거워서 사는 것도 아니다

어둠이 지배하는
시인의 뇌 속에 내리는

내리는 비를 타고
거꾸로 오르며 두 손을 놓고
횔덜린을 읽으며 운다

'나는 이제 아무것도 아니다
즐거워서 사는 것도 아니다'

처음 읽는 거와 다름없이 『히페리온』책을 접하면서 한 페이지 두 페이지 넘길 수록 내면의 요동을 안착하지 못했던 자신을 인식하게 된다. 늘 고독하고 이방인처럼 자연 앞에 웅크리고 있었던 작가의 모습이 어렴풋이 더듬어졌다.

히페리온, 횔덜린

작가의 내면을 온전히 이해할 수는 없지만 자연, 신, 영혼, 인간과의 융합을 내 방식대로 받아들이게 되었다. 김지하 작가가 횔덜린의 작품을 읽으며 울었다고 했지만, 나는 김지하의 시를 미처 몰랐는데 나도 눈물이 났다. 책 내용이 슬퍼서도 아니다. 작가의 내면세계에 침잠해 생의 리듬에 귀를 기울다 보니 가슴 밑동에서 뜨거운 것이 올라왔다. 심연에 잠겨 있었던 본연의 자아가 수면 위로 고개만 빠끔히 내밀다 이내 빠져 버린 자신과 오버랩 되었다.라고 할까. 세월만 집어삼키는 꼴을 들켜 버린 심경이라 할까? 나의 그런 실체가 슬퍼졌다.

『히페리온』는 그리스의 은둔자라는 부제가 붙어 있어 속세를 떠나 자연을 벗 삼으며 살아가는 그리스인 히페리온이다. 저자는 지난날을 회상하면서 친구에게 보낸 서간체 형식의 작품이다. 이 소설에다 철학

소설이라는 이름을 붙여 니체의 『짜라투스트라』의 효시가 된 작품이라고 비평가들이 평했다. 이책을 읽긴 읽었지만 작가의 내포된 정신세계까지는 이해 못했다. 하지만 밑줄을 제법 많이 그으면 읽었던 책으로써 고전적인 가치를 재발견하는 기쁨은 명료했다.

PART 9

장연홍, 차라리 죽음을 택하겠다.
: 조선 3대 미인

황진이, '동짓날 기나긴 밤' 님을 그리다.
: 조선 3대 미인

어을우동(어우동) 사건
: 조선 성종 때 유교적 억압의 신호탄이 되다.
조선 3대 미인

장연홍, 차라리 죽음을 택하겠다.
: 조선 3대 미인

　해어화(解語花)라는 말이 있다. 말을 알아듣는 꽃이라는 뜻으로 미인, 또는 기생을 뜻한다. 1920년대 진정한 해어화가 있었다. 조선시대까지 우리 고유의 예·악을 담당해온 기생은 일제강점기 신분 해체라는 시대 상황 속에서도 그 명맥을 이어갔다. 매춘부보다 연예인 같은 느낌이었다. 그에다 문학·가곡·거문고·한문·사군자·일어·불어까지 구사할 만큼 다재다능 했다. 그만큼 모든 분야에 걸쳐 능통했다.

　구한말, 기생들 가운데 특히 이름을 떨친 장연홍, 그녀는 1911년 평양, 유복한 집안의 외동딸로 태어났다. 어린 시절 부친이 사망하여 가정 형편이 기울자 14살 때 직업 기생을 길러내는 교육기관인 권번에 들어갔다. 그렇게 기생의 길을 시작한 장연홍은 수려한 외모와 뛰어난 예악 실력으로 급부상했다. 꿈을 꾸듯 몽환적인 눈매 사람을 금방이라도 삼킬 듯한 표정으로 유명했다. 비누 광고 등에서 모델 활동을 하기도 했다. 당시 최고의 미인으로 장연홍의 이름을 더욱 빛나게 한 사건이 있었다.

친일파 이지용

　그녀의 소신은 뚜렷했다. 을사오적 중 한 명인 친일파 이지용은 장연홍을 자신의 소실로 삼으려 한 적이 있었다. 이지용은 일만 원이라는 당시 엄청난 거금으로 장연홍을 유혹했다고 전해진다. 장연홍은 그런 이지용에게 다음과 같은 말을 남겼다.

"나라를 욕보인 더러운 자에게 꿇느니 죽음을 택하겠다."

미모와 더불어 배포까지 남달랐던 장연홍이었다. 수많은 이를 밤잠 설치게 했던 그는 돌연 기생 생활을 접고 21살 젊은 나이에 상해로 유학을 떠났다. 이후 소식은 영영 전해지지 않았다. 일본 영사관에 붙들려 갔다는 소문만이 무성하게 남았다. 언제, 어디서 어떻게 됐는지 아무도 모르는 조선의 아름다운 여인은 그렇게 역사 속으로 사라졌다.

조선 3대 미인 중 장연홍

황진이, '동짓날 기나긴 밤' 님을 그리다.
: 조선 3대 미인

　풍류를 즐기는 사람이라면 황진이를 한 번쯤 떠올려 보았을 것이다. 역사적 인물 가운데 황진이만큼 대중의 사랑을 받은 인물도 흔치 않으니 말이다. 황진이는 기녀 출신이었으므로 어을우동과는 달리 남녀 관계에 대한 비판에서 벗어날 수 있었다. 황진이는 황 진사와 현금이라는 이름을 가진 진 씨 사이에서 태어났다는 주장과 맹인의 딸로 태어났다는 주장도 있다. 어쨌든 황 진사의 얼녀로 태어났다는 것에 신빙성이 높다. 얼녀 출신은 양반의 첩으로 살아야 하는 운명이었다. 황진이에 대한 기록은 이덕형『송도기이』와 최초의 야담집인 유몽인의 『어우야담』과 같은 야사나 설화로 전해진다. 흥미 위주로 고쳐 쓴 점이 있을 수 있어 전적으로 믿을 수는 없지만, 황진이가 명성을 날린 개성 출신의 기녀인 것은 분명하다.

　황진이는 홀어머니 슬하에서 자랐지만, 물질적 어려움은 없었던 것으로 보인다. 8세에 『천자문』을 배우기 시작했고 한문 고문을 읽었으며, 서·화·가야금에 능했고 한시도 지을 수 있었다. 반듯한 규수로 자란 황진이가 기녀가 된 데는 사연이 있다.

　황진이의 단아한 미모에 마음을 빼앗긴 한 동네 총각이 자신의 마음을 드러내지 못하고 몸소 눕게 되었다. 아들을 잃을까 봐 두려웠던 총각의 어머니는 진 씨를 찾아가 사람 하나 살리는 셈 치고 사위로 삼아 달라고 간청했다. 하지만 진 씨는 냉정하게 거절하고 딸에게는 아무 말도 하지 않았다. 젊은 총각은 결국 상사병으로 세상을 떴다. 총각의 상여가 황진이의 집 앞을 지나갈 때 갑자기 땅에 붙어 꿈쩍도 하지 않았다. 이 소식을 들은 황진이가 집에서 나와 자신이 입던 속적삼을 얹으며 총각의 넋을 위로하자 상여가 다시 움직였다고 한다. 이 사건 이후 황진이는

기생이 되기로 한다.

　기생이 된 황진이는 곧 미색과 재주로 한양에서도 소문이 자자해졌다. 선비들은 황진이와 하룻밤 낭만을 즐기는 것을 자랑으로 여겼다. 황진이가 당대의 군자로 알려진 벽계수를 유혹하는 시조는 가장 많이 애송되고 있다.

청산리 벽계수야 쉬이 감을 자랑 마라
일도창해 一到蒼海 큰 바다에 한번 이름)하면 다시 오기 어려우니
명월(明月)이 만공산(滿空山)할 제 쉬어 감이 어떠리

　황진이는 벽계수의 군자 허울을 벗긴 데 이어 살아 있는 부처로 통하던 지족선사를 파계 시킨 10년 면벽 수도를 도로 아미타불로 만들었다. 이제 남은 사람은 서경덕뿐이었다. 황진이는 서경덕이 진짜 군자인지, 가짜 군자인지 시험하고 화담을 찾았다. 몇 번 대화를 나누던 황진이는 지친 듯이 방에 누웠고, 한껏 자태를 드러내며 잠을 청하는 척했다. 그러고는 서경덕을 살폈다. 하지만 서경덕은 황진이에게 눈길 한 번 주지 않고 꼿꼿이 앉아서 책 읽기에만 골몰했었다. 황진이는 사대부의 허울을 벗기는 데서 통쾌함을 느끼는 단순한 기녀가 아니었다. 한양 제일의 소리꾼이라는 평을 들었던 선전관 이사종과는 예술과 인생의 동반자로서 6년간 조선팔도를 유람하기도 했었다. 이사종(소리꾼)을 기다리며 지은 『동짓날 기나긴 밤』이라는 시조에는 애절함 마저 묻어 나온다.

동짓날 기나긴 밤 한 허리를 버혀 내어
춘풍 이불 아래 서리서리 넣었다가
어룬 님 오신 날 밤이어든 구뷔구뷔 펴리라

고전문학 시간에 다들 읽어 보았던 시조다. 내 님과 보내는 시간이 너무 짧아서 여운을 절절히 표현했다. 40세로 짧은 인생을 마치기 전 황진이는 "관을 짜지 말고 새들의 먹이가 되도록 해 달라."라고 유언했다고 한다. 하지만 사람들은 황진이를 개성에서 멀지 않은 장단에 묻어 주었다. 황진이는 죽어서도 남정네의 마음을 흔들어 놓았다. 황진이의 무덤을 발견한 평안 감사 임제는 세상에 황진이가 없음을 슬퍼하며 시 한 수를 읊었다.

황진이는 성 씨도 모른 채 미스터리로 남아 있다.

청초(靑草)우거진 골에 자난다 누워난다
홍안(紅顔)은 어데 두고 백골(白骨)만 묻혀난다
잔 잡고 권할 이 없으니 이를 설워하노라

신윤복 〈전모를 쓴 여인〉 (여속도첩) 국립중앙박물관 나들이하는 기생을 묘사했다. 짧은 저고리와 풍성한 치마를 입은 채 당당히 걸어가는 자태가 일품이다.

승무복 (목포자연사박물관) 승무의 기원에는 여러 가지가 있는데, 그 가운데 하나가 황진이가 지족선사를 유혹하기 위해 추었다는 '황진이 초연설' 이다

어을우동(어우동) 사건
: 조선 성종 때 유교적 억압의 신호탄이 되다.
  조선 3대 미인

　15세기 후반에 희대의 성 추문 사건이 터졌다. 주인공 어을우동은 승문원지사 박윤창(朴允昌)의 딸로 태어났다. 어을우동은 왕족인 효령대군의 손자인 태강수과 혼인을 했다. 첩에게 빠진 태강수는 어을우동과 이혼하기 위해 간통 사건을 조작했지만, 어을우동의 무죄로 밝혀졌다. 태강수는 함부로 부인을 버린 죄로 삭탈 관직을 당했고, 어을우동과 재결합하라는 명령을 받았으나 태강수는 어을우동을 부르지 않았다. 어을우동은 딸과 종을 데리고 친정으로 갔으나 친정에서도 받아들이지 않았다.

　길가에 집을 마련하고 지내던 중 계집종이 어을우동에게 '오종년'이라는 사헌부 관리가 있는데 태강수보다 인물이 좋아 애인 삼을 만하다.라며 부추겼다. 오종년과 사귀다 헤어진 것을 시작으로 어을우동은 수십 명의 선비, 유생들과 관계를 가졌다. 세종의 서손자인 이난은 어을우동의 춤과 시문, 미모에 매료되어 자신의 팔뚝에 어을우동의 이름을 새기기까지 했다.

　어을우동의 글·그림·서예·가야금 솜씨는 사람들을 탄복 시킬 정도였다. 어을우동은 자신의 신분을 기생이나 과부로 속였으므로 뭇 남성과 양반들이 어을우동의 집에 드나들었다. 과거 급제자 홍찬이 유가(과거 급제한 사람이 과대를 데리고 풍악을 울리면서 시가행진을 벌이고, 시험관, 선배 급제자, 친척 등을 방문하는 일을 말한다. 보통 사흘에 걸쳐 행하였다.)를 하고 있었을 때 어을우동의 소매로 슬쩍 홍찬의 얼굴을 스쳤다. 홍찬도 그녀의 노리갯감이 되었다.

어을우동의 자유분방한 생활은 조정에까지 알려져 풍속을 어지럽혔다는 이유로 체포되었다. 어을우동은 구경꾼들이 보는 가운데 여종과 함께 교수형에 처해졌다. 자유로운 남녀 관계의 책임은 주로 여성에게 가혹하게 넘겨씌워졌다. 어을우동의 남자들에 대한 처분은 대체로 관대했다. 문초를 당하기는 했지만 대부분 사면 되었다. 남편에게 내쳐진 재주 많은 여인이 조선에서 할 수 있는 일은 아무것도 없었다. 어을우동의 시를 읽어 보면, 자유분방한 그녀도 한낱 마음 약한 여인 임을 느낄 수 있다.

구슬은 흘러 밤을 밝히고
구슬은 눈물처럼 흘러 밤을 밝히고
흰 구름은 높이 흘러가니 달빛은 더욱 밝아라
한 칸의 작은 밤에는 님의 향기가 남아 있으니
꿈결 같음 그리운 정, 그림처럼 그려 낼 수 있겠네

조선왕조실록 보다 이미지와 스토리텔링의 조선사 여행

어을우동은 성리학적 도덕주의의 희생양이라는 시각도 있다. 합리적으로 정비 세 명에 후궁 아홉 명을 둔 성종이었지만 자유분방한 어을우동을 포용할 수는 없었다. 유교 상사를 확립하려는 성종이 본보기로 삼았다는 것이다. 어을우동 사건은 성종과 사림 세력이 꿈꾼 조선 사회의 한계이자 단순한 스캔들이라기 보다는 유교에 입각한 여성 억압의 신호탄이었다.

신윤복의 〈월야밀회〉, [혜원전신첩](국보 제136호, 간송미술관)
보름달이 뜬 고요한 밤 후미진 곳에서 몰래 만나 정을 나누는 남녀의 모습을 표현한 작품이다.
두 남자를 훔쳐보는 여인의 시선이 알쏭달쏭하다.

PART 10

『태백산맥』 문학관
: 태백산백 아픈 역사를 품다.
현부자네와 소화의 집 그리고 김범우의 집
홍교다리와 벌교성당 발견하다.
금융조합과 카페의 센스
보성여관의 특색
『우아한 승부사』 조윤제
: 품위 있게 할 말 다하는 사람들의 비밀
『책인 시공』 정수복
: 책 읽는 할머니와 손녀는 시공간이 닮았다.
『어제의 세계』 슈테판 츠바이크
: 문학적인 센세이션
『책』 얼마나 완독하는가?
『토지』 박경리
: 내겐 인생 책이 있다.

「태백산맥」 문학관
: 태백산맥 아픈 역사를 품다.

오랫동안 벼르다 이제서야 태백산맥 문학관에 발을 디디게 되었다. 이른 아침에 출발하여 세 시간을 달려와 벌교에 도착하니 초겨울 찬 기온이 목덜미를 휘익 감았다. 태백산맥을 완독한 독자로서 눈앞에 우뚝 서 있는 문학관은 온실처럼 보인다. 건물은 한 채인 듯 두 채인 듯한 나눔으로 합체된 건축 형식인 거 같은 느낌을 주며 소설 태백산맥이 전하는 통일 염원의 메시지를 고착하지 않았나 싶었다. 건물 앞 벽에는 명패와 작가의 정신이 깃든 울림과 서명이 훤하게 보인다.

조정래 태백산맥 문학관
문학은 인간의 인간다운 삶을 위하여
인간에게 기여해야 한다
- 조정래 -

문학관, 옹벽화

건물 오른쪽으로 자연석 옹벽 벽화가 모자이크 기법으로 건물 길이만큼 길게 늘어서 있다. 이건 백두대간의 염원을 담아 소설 태백산맥의 문학성을 높이고 민족의 염원인 통일을 건축적 언어로 문학과 미적으로 조화를 이룬 옹석 벽화이다. 관광 메카로 부상하고 있는 곳에서 느끼지 못하는 의미 있는 구조물로 눈여겨봐진다.

전시관 첫째 마당은 작가의 집필 동기로 시작하여 소설을 탄생 시키기 위해 4년간의 자료를 보면서 신념과 정체성에 경외감이 생긴다. 6년간의 집필 과정과 작가의 혼이 서린 육필 원고(16,500매)가 상아탑처럼 쌓아 놓았다. 감탄의 눈빛으로

태벽산맥 필사본 전시장

장엄한 메시지가 전해졌다. 한때 소설 태백산맥에 빠져 헤어 나오기까지 꽤나 시간이 오래 걸렸었다. 우리나라 대하소설로서 문학적 가치를 되짚어 보며 독자로서 감회가 새롭다.

전시관 안은 옹석 벽화가 훤하게 볼 수 있게 통유리로 되어 미적 효과를 제대로 느낄 수 있다. 1986년 소설 태백산맥 출간 이후 11년간 국보 법상 소설 내용 일부에 이적성 논란으로 이승만 박사 기념관 이사장에 의해 고발당했다. 그로 인해 심적으로 많은 고충을 겪었던 과정이 전시 되어있다. 그러나 작품성으로 인정 받아 기소 않고 무혐의로 결론을 지으며 우리나라 문학의 거장으로 자리 잡았다. 작가는 "분단의 역사를 끝내고 통일의 역사를 여는 계기가 될 것으로 염원한다." 소신을 덤덤하게 밝혔다. 치열한 작가 정신을 바탕으로 작품으로서 반열에 오르고 독자와 작품성의 결을 제약조건 없이 나눌 수 있는 하우스가 건립됐다. 소설 태백산맥은 1200여 년 동안 발표된 전 세계의 소설들을 대상하여 국제적인 전문가들로부터 1001편에 선정된 책으로, 우리나라 작품으로는 『태백산맥』과 『토지』가 뽑혔다. 우리나라 대표적인 이 두 작품을 충실한 독자로 완독했다는 데에서 내면의 힘이 솟아올랐다. 선물 같은 희열감을 슬며시 내 가슴으로 쟁여 놓았다.

2층에는 소설 속 주요 인물들의 캐릭터를 전시해 놓았는데 짚어 보는 것도 매우 의미 있고 흥미로웠다. 완독하기도 쉽지 않은데 필사를 한 독자들이 기증까지 해서 전시 해놓았다. '정말 대단하다.'라는 표현

밖에 못하는 언어의 한계에서, 내가 완독했다는 자부심을 가졌다는 것에 슬그머니 얼굴이 달아올랐다. 필사본 한 자 한 자에 기를 얼마나 쏟아 부었는지 깨알 같은 필체로 빽빽하게 채워진 노트에서 도를 닦아 놓은 것 같았다. 필사한 사람은 고등학생부터 성인까지 다양한 연령층으로 정말 강한 인상을 주었다. 어떤 분의 필사본은 필체가 너무 정갈해 인쇄물이 아닌가 싶을 정도로 독보적이었다. 원고지에 적은 사람도 있는데 그 분량에 놀라고, 그 정성은 자신과의 싸움으로 이겨 낸 자들이었다. 다른 문학관에 비해 원고 필사본이 전시되어 어떤 이는 한 권을 필사하는데 한 달 정도 걸려서 전본을 필사 했다. 필사본을 완곡한 집념과 도전 정신에 강렬한 느낌을 받아 '태백산맥을 완독했다.'라고 자랑하지 말라고 죽비로 내 목덜미를 내려치는 것 같았다.

다음 코스는 문학관 바로 옆에 현부자네 집과 소화의 집이 있다. 소화와 정하섭의 절절한 사랑 담화로 중요한 프레임이 기대되었다.

현부자네와 소화의 집 그리고 김범우의 집

문학관을 관람하고 문화 해설사로부터 현부자네 집 유래를 짤막하게 듣고 배움을 받으며 다음 코스를 향했다. 현부자네 집 아래 소화의 집이 아담하게 앉아있다. 그 집은 2008년에 복원해 무당 월녀의 딸 새끼 무당 소화와 정하섭의 애틋한 담화가 있었던 곳이기도 하다. 가옥은 문마다 꼭꼭 닫혀 있어 안을 볼 수 없지만 신을 모셨던 신당이 있지 않을까 추측만 하였다. 소설 속에서 무당 소화와 정하섭의 비극적인 사랑 이야기는 근친 간이었으나 그네들은 그런 사이를 모른다. 실은 예리한 독자만이 이 사실을 포착했던 것 같다.

정하섭의 할아버지 정참봉과 소화의 어머니 월녀 사이에서 비 오는 날 비를 잠시 피하기 위해 우연찮게 정분을 나눈 후 태어난 아이가 소화이다. 소화라는 이름은 정참봉이 지어 주고, 소화 엄마는 소화에게 출생을 무덤 속까지 가져가서 정

태백산맥의 소화네집

하섭과 소화는 근친 간의 사랑이었다는 것을 모른 채 치열한 이념의 현장에서 가슴 조이는 사랑을 했다. 소설을 읽으면서 그들이 근친 간이라는 사실에 얼마나 쇼킹했던지 태백산맥을 읽었다는 사람들과 이 부분을 이야기를 나눈 적이 있었는데 내용이 워낙 방대해서 그런지 그 부분을 놓쳐 버렸는지 잘 모르고들 있었다.

소화의 집 위쪽으로 현부자네 집이 있다. 그 당시로는 드물게 집 안에 욕실 시설이 있을 정도로 위세가 대단했다. 건물은 한옥과 일본식이 가미된 형태로 당시 분위기를 가름할 수 있다. 위채 아래채 마루 헛간까지 관리가 꼼꼼하게 잘 되어 윤기가 날 정도로 기세가 덩덩하다. 당시 중도 방죽 들녘이 훤히 내려다보이는 세석산 자락에 있지만 현재는 아래쪽에 아파트가 들어서 들녘이 보이지 않는다. 실제 이 가옥은 밀양 박 씨의 문중의 집이다. 건물 아래 화이트 색 모던한 건물의 카페 주인이 박 씨 가문의 자손이다. 이 집은 소설 태백산맥의 첫 장면에서 처음으로 등장하는 집이다.

태백산맥의 김범우의 집

다음 여정은 태백산맥에서 관심이 높은 소설의 배경지 김범우의 집이다. 소설 속 김범우는 염상진과 주요 인물이기도 하지만 작가의 추억이 있는 곳으로 작가가 초등학생 시절 친구의 집이라 놀러 다녔던 집이었다. 이 대문 색은 무슨 시추에이션인가? 고전과 현대를 공존하고자 빈티지 풍으로 페인트를 칠한 것 같은데 이거마저 의도가 허물어져 이도 저도 아닌 괴상한 모양새로 남아 있다. 기대를 가지고 갔는데 제대로 된 푯말 하나 없이 언덕에 자리한 집을 갸우뚱한 기분으로 들어섰다. 낡은 대문에서 퀭한 분위기다. 전통 한옥 양식으로 당시 생활상은 보여주고 있지만 사람의 흔적은 찾아볼 수 없고 얼마나 오랫동안 묵혀 있었던지 가옥이 쓰러져 가고 있었다. 관리가 되지 않고 방치한 채 방문마다 창호지는 너덜너덜 떨어져 문짝은 뒤틀어졌다. 돌담에 낀 이끼를 봐서 묵힌 세월을 제대로 확인할 수조차 없다. 집기는 여기저기 널브러져 있으며 전깃줄까지 축 늘어져 그야말로 을씨년스럽다. 색 바랜 마룻바닥은 윤기를 잃은 채 듬

성듬성 이빨 빠진 것처럼 구멍이 숭숭 뚫렸다. 주인 잃은 빈집은 금방이라도 허깨비가 튀어나올듯하다. 흙 마당은 이끼로 가득 메워져 적막강산인데 사이프러스 나무 한 그루와 동백나무가 서로 의지하며 꿋꿋하게 집을 지키고 있다.

  작가는 소설의 배경지와 직접 경험하고 추억이 있는 이 중요한 곳에 대한 상황을 알고 있는지 궁금했다. 또 보성군은 태백산맥 문학의 근거지를 어떻게 체크하고 있는지 아쉽기만 했다. 혹여 보성군에서 보존 계획을 하고 있는지 모르지만, 문학적 관심사에 흠이 생기지 않았으면 좋겠다.

홍교다리와 벌교성당 발견하다.

홍교를 가는 길에 어느 성당의 종탑이 눈에 띄어 호기심이 발동했다. 관심을 보이면 보이지 않았던 것이 보이듯이 나름 촉수를 세워서 주위를 훑어보는 편이다. 혹여 여행길이 다른 사람보다 굼떠 일행에게 민폐를 끼칠 수 있어 해외여행은 자유여행을 선호한다. 국내도 마찬가지다. 마침 이번 기행은 나의 성향과 같은 친구라 척척 죽이 맞아 여정이 즐겁고 친구에게 고마울 따름이다. 이 성당은 여행 일정에 포함하지 않았는데 뜻밖에 낯선 것을 발견해 여행의 묘미를 덧붙였다. 몇 해 전 피렌체에서 본 산타 크로체 성당과 비슷한 거 같아 홍교를 미루고 호기심에 끌려 성당을 먼저 찾아갔다.

벌교성당 종탑

멀리서 어렴풋이 포착한 전경과 똑같은 이미지로 성당이 참했다. 미사 시간이 아니라 성당 문은 닫혀 있었지만, 외관만 봐도 만족스럽게 둘러봤다. 1940년 3월 만주 연길에서 이사 온 방용원, 양만선 부부에 의해 처음 벌교 지역에 복음이 전파되기 시작했다. 1957년도 몰이시 미카엘 신부가 부임하여 1961년 미국인 신자의 기부와 교구의 지원으로 성당이 완공했고 60년이 된 성당이다. 성당 건물은 웅장하지 않지만, 절제의 미로 응축의 힘이 엿보이며 차분하고 단아한 분위기다. 성당의 특징은 두 개의 종을 달고 있는 종각이 벌교 하늘을 향하고 있다. 보통 성당은 하나의 종만 있는데 유럽에서 가끔 종이 두 개인 종탑을 봤던 기억에 반가웠다.

벌교 성당에서 홍교까지 걸어서 갈 수 있는 거리다. 홍교는 무지개형 돌다리로 교량이 세 칸이었는데 현재는 증축하여 아치형 다리를 이어 제법 길이가 길다. 원래는 강물과 바닷물이 만나는 곳에 뗏목다리가 있었고 홍교는 1729년(조선시대) 선암사의

홍교 밑 용두의 형상

초안선사가 건립했다. 선암사, 내가 알고 있는 우리나라에서 가장 아름다운 다리 승선교(홍예다리)가 떠올랐는데 '역시 그랬구나.' 같은 선암사 승려의 기술을 전수받았을까 싶다. 홍교를 제대로 보려면 원래 있었던 세 칸짜리 다리 아래로 내려가서 봐야 한다. 잘 살펴보면 무지개형 중앙에 용두가 돌출되어 있다. 용두의 형상은 다리의 보존과 벌교 포구를 건너는데 어떤 잡귀나 나쁜 기운을 막아 주기 위해 설치한 것이다. 일종의 수호신 역할을 하는 것이다. 시간 여행은 무르익어 갈수록 흥미를 더 유발하고 벌교가 이처럼 볼거리가 많은지 미처 몰랐다.

다음은 여수 사건의 회오리 쳤던 소화 다리로 이동했다. 다리 교각 양쪽에 꼬막 형상이 올려져 있다. 소화다리라고 하니 새끼 무당 그 소화와 같은 이름인가 할 수 있지만 이 소화는 일제 강점기였던 그때가 소화 6년이기도 해서 그렇게 부르게 되었다. 이 다리는 소설에서

　　　소화다리 아래 갯물에고 갯바닥에고 시체가 질펀허니 널렸는디... .
　　　사람 쥑이는 거 날이 날마동 보자니께 환장 하겠구마요.

실제 여수사건의 회오리로부터 시작했다. 6.25의 대격랑이 요동치며 우리 민족 비극의 아픔이 서린 다리다. 이를 소설 속으로 반영해서 생생하게 그려냈다. 한쪽은 좌익 한쪽은 우익 서로 밀고 밀릴 때마다 이 다리 위에서 총을 겨누었다. 이데올로기에 끼어 처참하게 돌아가신 넋

이라도 기리겠다는 생각으로 다리 위에서 무심하게 흐르고 있는 벌교천을 바라보았다. 소화 다리를 건너 오자 맞은편에 외서댁 간판이 확 띄었다. '아니 소설 속 인물 그 육감적인 외서댁이 꼬막 식당을 차렸구나. 염상구가 반해 외서댁을 꼬막으로 비유했던 그 여인이지 않은가.' 약간 외설적인 이미지는 있지만 소설 속 내막을 아는 자 알고 모르는 자 모르며 기막힌 상호에 피식 웃음이 새어 나왔다.

금융조합과 카페의 센스

　벌교 금융조합은 일제강점기(1918년) 때 상업적 교류가 활발하여 꽤나 번창한 곳으로 당대 가장 변화가인 첫머리 자리하고 있었다. 건축은 붉은 벽돌로 바탕해 그 사이에 돌을 깎아 넣어 견고함을 더하였으며 좌우 대칭의 균형미와 르네상스 양식의 바탕으로 건축적 가치가 있다. 당초 금융 시설로 사용되던 때 고객과 직원의 경계를 명확히 해주며 복원되었다.

　벌교는 갯벌에서 채취한 겨울철 별미인 꼬막으로 떠들썩하다. 하지만 벌교의 작가 조정래의 대하소설 『태백산맥』은 문학적인 가치로 계승해 가며 벌교 지역에 자부심을 불어 넣은 곳이기도 하다. 건물 입구 왼쪽에 설치되어 있는 포토존은 추억 부자가 되기를 바라는 뜻으로 제작했다. 상평통보(常平通寶) 글자가 잘려 조금은 아쉬웠지만 전근대적 화폐의 변천사를 세분화해 놓았다. 입구에 들어서면 바로 소설 태백산맥을 필사할 수 있게 자리가 마련되어 있고 마침 해설가가 상주해 유익하게 설명을 들으며 세세하게 체득했다. 지역의 역사적인 환경과 불교인의 기상과 삶에 엮인 이야기를 차근차근 들으면서 관람할 수 있어 기행이 더 알찼다. 화폐를 보관하는 금고문으로 들어갈 수 있는데 금고 안에는 현재 천 원짜리 지폐부터 오만 원짜리까지 각각 지폐 제작 작가를 짚어 주었다. 새롭게 알아 가는 과정에 눈이 반짝거렸다. 동전 1원짜리부터 500원짜리까지 화폐 속 이야기를 깨알같이 풀어 놓았다. 그 밖에 소설 태백산맥 속 금융 조합의 한 대목을 친절하게 재현해 놓았다.

금융조합이라는 것이 결국은 돈 장사이고
보면 그의 이재(理財)
솜씨는 멋 부리는 것보다 한 수가 더 앞질러 있는 것인지도 몰랐다.

소설 속 인물 송기묵은 금융조합장으로 탄탄한 재력가였다. 그는 은밀한 고리대금업으로 돈을 다루어 딸을 서울 이화여대까지 유학 시켰고, 결국 좌익들에게 죽고 마는 비극적 인물이다. 소설을 완독했지만, 이 대목을 보니 가물가물했던 기억이 반딧불처럼 반짝 떠오르며 문학기행이 옹골찼다.

책등이 보이는 이색적인 꾸밈

관람을 하고 나와서 다시 천천히 입구 주위를 살펴보니 금융 건물과 딱 붙어 있는 문학의 거리에 걸맞은 아주 감각적인 카페가 눈에 띄었다. 코코랜드라는 상호가 걸려 있고 밖으로 난 창틀 아래 메뉴판이 참신했다. 이미테이션으로 된 책인데 책등에 제목처럼 메뉴가 정겹게 표기해 놓았다. 다른 쪽에는 자세히 살펴보지 않으면 그냥 지나쳐 갈 수 있는 곳에 계단 같은 모양인 대형 책 두 권의 구조에 내 동공이 커졌다. 아래에 괴인 책은 〈GONE WITH THE WIND〉『바람과 함께 사라지다』 위에 놓인 책은 〈Les Miserabies〉『레미제라블』 세계를 휩쓸고 있는 문학 책 모형이 인상적이다. 마치 콘크리트 속에 비밀스러운 것이 묻혀 있는데 슬쩍 삐쳐 나온 것을 발견하는 기분이다. 그 감성 설계에 놀라 카페 주인이 궁금했다. 들어가서 커피 한잔하면서 감성을 공감하고 싶었지만 짜인 여정을 무시할 수 없었다.

금융 종합 맞은 편 모리씨 빵집에 들러. 맛으로 승부한다는 빵을 구매했다. 벌교에서 꼬막을 먹어야 한다는 설에 점심 유명세를 타고 있는

고려회관이라는 식당을 향했다. 식당 가는 길에 노란색 돈가스 가게 앞에 시선이 꽂혀 스케치 하듯 훑어보는 재미는 유자차 향을 맡는 느낌이다. 간판은 상표를 그냥 붙여 놓은 거처럼 보이는데도 꾸안꾸(꾸민듯 안 꾸민듯) 센스가 엿보였다. 북유

금융 종합 맞은 편 빵집

럽 모자이크 타일 형태인 작은 창은 마침 액자를 걸어 놓은 듯 이색적이다. 앞에 놓여 있는 화분까지 상큼했다. 심심찮게 눈에 띄는 상점들도 제각기 특성을 살려 쏠쏠하게 구경하며 걷다 보니 식당이 금방 나타났다. 추천받고 갔는데 겨울철 별미 꼬막 정식이 맛깔스럽게 차려졌다. '어디 가서 함부로 꼬막 자랑하지 마라.'는 말에 절감하며 푸짐하게 배를 채웠다.

보성여관의 특색

보성 여관 전경

보성여관 거리는 일본 후쿠오카 어느 한적한 거리를 걷는 느낌이다. 적산가옥으로 일본인들이 남긴 집들이 간간이 보이고 보성여관은 보존 가치를 위해 복원을 했다. 오늘날 그 시간의 흔적을 남기며 가치를 재생시켰다.

당시 지어진 일본식 건축물에 대한 불편한 심경으로 '굳이 왜,'라는 의문도 생길 수 있다. 그런데 내 나라 땅에서 일어난 아픈 역사이니까. 역사는 있었던 것을 기록하고 남기는 것에 충실해야 하므로 보존의 가치가 있다는 것이다. 건물은 외관으로 보아도 당시의 사회적 풍토를 보여주며 보성여관은 1935년 일제 강점기 때 목조건물로 판자벽에 함석지붕으로 전형적인 일본식 건축 양식이다. 실내는 다다미방으로 되어 있다. 전면에서 보면 일자형처럼 보인다. 건물 중앙 출입구로 기준하여 좌측은 교양의 장소로 커피하우스 같은 소문화센터, 우측은 카페이다. 밖에서 보면 격자식 창문이 문짝을 여러 개 달아 놓은 듯한 모양이 체스판 같다. 중앙 통로로 쭉 들어가면 별채처럼 디근자 건물이 둘러져 있다. 좁은 마루에 숙박할 수 있는 방들이 다닥다닥 붙어 있다. 마당은 우리 정서와 약간의 일본식 고전풍에 가깝게 기와지붕과 어우러져 차분하면서 안온한 느낌을 준다.

햇볕에 데워진 마루에 걸터앉아 공간의 미를 느끼고 싶어진다. 이층 목조 계단으로 올라가면 복도가 길게 나 있는 다다미방이 4칸이 있다. 미닫이문으로 근대식 일본풍 여관의 모습을 고스란히 담고 있으며 겨울철 다다미방에는 코타

이층 창문으로 내다본 "ㅁ"자 보성 여관 지붕

츠(좌식 보온 탁자)가 있어야 제격인데 그곳은 전시장과 체험 장으로 활용하고 있다. 복도 창문 역시 격자식 틀인데 정원에서 본 건물 구조는 디귿 자형인 줄 알았는데 이층에서 내려다보니 직사각형이었다. 기와지붕으로 둘러싸인 지붕 사이 정원 풍경은 독특한 매력이 있다.

삐걱거리는 목조 계단을 조심스레 밟으며 내려와서 카페를 구경 삼아 훑어보니 창가 테이블 위에 겨울 햇살이 자유를 누린다. 창가에 느긋하게 앉아 낯선 행인들 모습을 보고 있어도 시간이 아깝지 않을 듯했다. 짜인 일정으로 오래 머물 수가 없어 오롯하게 낼 시간을 탐하지 못한다. 보성여관에도 소설 태백산맥 배경이 된 남도여관을 재현하여 필사 공간까지 마련되어 있다. 현재 벌교는 조정래의 대하소설 태백산맥으로 구석구석 채워져 있다고 해도 과언이 아닐 만큼 마을 전체를 계승하고 있다. 문학의 힘을 절감하게 된다. 문학적 가치로 몰입할 수 있었던 벌교 문학 기행은 오감을 자극하며 오지게 지키고 있다.

『우아한 승부사』 조윤제
: 품위 있게 할 말 다하는 사람들의 비밀

'품격의 말은 품격 있는 내면에서 나온다.' 누구나 말을 잘 하고 싶어 한다. 말을 잘 하려면 어떻게 해야 할까? 〈논어〉에 제자들이 공자에게 인이 무엇이냐고 물었을 때 공자는 그 사람의 수준과 성향에 맞게 가르침을 주었다. 역시 말도 어떻게 하면 잘 하느냐고 묻는다면 세상에는 수많은 성향의 사람이 있어서 명제는 없다. 『우아한 승부사』를 읽으면 품위 있게 할 말 다 하는 사람들의 비밀과 굳이 말을 하지 않아도 상대를 존중하는 마음이 전달되는 가르침을 받게 된다.

나는 말을 안 해서 후회하는 것보다 입을 절제를 못해서 후회하는 편이다. 웬만하면 말을 아끼려고 하는데 불쑥불쑥 튀어나오는 말을 틀어막기는 쉽지 않다. 이런 나는 『우아한 승부사』 책을 경전처럼 시시때때로 펼쳐 본다. 말을 많이 해서 후회만 하지 말고 지혜로운 해법을 찾아 입을 닫고 귀와 마음을 열고 싶다. 물론 입만 닫고 있다고 해서 능사는 아니다.

말에도 균형감각과 타이밍이 있다.
가장 적절한 말을
가장 적절한 때에 한다면
그것이 곧 '중용'의 대화다.

'마음을 다스려야 말을 다스릴 수 있다'

마음이 안정되어 있으면 그 말이 신중하고
여유가 있다.
마음이 안정되어 있지 못하면 그 말이
가볍고 급하다.

또한 웬만하면 말을 할 때 천천히 말하려고 한다. 말을 빨리 하다 보면 목소리도 커지고 잦은 실수로 경망스러울 수 있기 때문이다. 말을 천천히 하면 목소리가 낮아지고 정중하게 되는 것 같다. 그런데 자신도 모르게 잘 조절이 안 돼 쓸데없이 에너지까지 소진 시킨다. 이 또한 쉽지 않지만 수시로 '말을 천천히 하자'고 다짐하면서 말의 속도를 조절하려고 한다.

『책인 시공』 정수복
: 책 읽는 할머니와 손녀는 시공간이 닮았다.

이 책은 각자 자신만의 시공간에서 책을 읽고 책 읽는 고유한 풍경을 담았다. 책 속에 빠져들어 책 읽기의 즐거움과 가치를 공유한다. 책 제목인 책인시공이란 책 읽는 사람들의 시공간의 이야기이다. 세상에서 보기 좋은 모습은 저마다 다양하다. 동서고금을 막론하고 책 읽는 모습은 빼놓을 수 없다. 그렇다고 독서의 중요성과 가치를 조목조목 따져가며 강조한다면 진부해서 고개를 절레절레하는 사람들도 있을 것이다. 하지만 빌 게이츠의 말을 빌리면서

> 하버드 졸업장보다 소중한 것은 독서 습관이다.
> 오늘의 나를 있게 한 것은 우리 마을 도서관이었다.
> - 빌 게이츠 -

책 읽기의 중요성에 대한 것은 잠시 내려놓고, 내가 독서를 하는 이유를 살짝 언급하자면 나는 책을 통해 내면의 공허를 채운다. 또 더 큰 무게 중심은 내적 빈곤을 탈피하기 위해 짬짬이 책을 읽지 않으면 나의 생명체가 시들어 가는 것 같다. 그래서 내가 종명(終命)할 때까지 책을 읽어야 될 성싶다.

이 책은 책을 읽기 좋아하는 사람에게 찰떡 공감이다. 지금 초등 3학년인 손녀와 나는 책으로 인해 공감대를 곧잘 가진다. 아빠를 유난히 좋아하는 손녀에게

"너 엘렉트라구나."

"엥, 할머니 엘렉트라가 뭐예요?"

"음, 엘렉트라란 너 같이(딸) 아빠를 엄청 좋아하는 것을 엘렉트라 콤플렉스라고 하고 아들이 엄마를 엄청 좋아하는 것을 오이디푸스 콤플렉스라고 하지."

손녀가 눈이 휘둥그레지며 자기가 알고 있는 신화 속 인물 오이디푸스 왕과 엘렉트라에 대한 이야기와 같은 맥락을 신이 나서 또랑또랑한 목소리로 구연을 하듯 늘어놓았다.

"그래! 네가 알고 있는 그 신들의 이야기에서 유래(나온) 된 거야."

"오잉 그렇군요!"

서로 맞장구쳐 가며 주렁주렁 이야기가 엮어 가는 공간에서 세대를 넘나드는 하나의 나무가 우뚝 생성된 것 같았다. 할머니와 손녀 간의 이런 대화의 원천은 책을 통해 빚어진 것이다. 손녀가 더 어릴 적, 프로이트의 전시관과 생가인 오스트리아 빈과 체코 모라비아 실레 시안을 탐방했던 추억을 상기시켜주고 싶었다. 프로이트에 대해 짧게 해주고 싶었지만 그건 할머니의 욕심이고 어린아이의 머리를 복잡하게 할 것 같아 다음 기회로 접어 두었다.

손녀는 아빠의 배 위에 누워서 곧잘 책을 읽는다. 어디든 책 읽는 시공간이 자유자재다. '세 살 버릇 여든까지 간다고 하지 않았던가?' 책 읽는 즐거움을 아는 손녀와 만나면 시간 가는 줄 모르고 공통분모의 대화거리로 척척 죽이 맞다.

「어제의 세계」 슈테판 츠바이크
: 문학적인 센세이션

이 책을 왜 이제야 읽었을까? 당연히 누구도 추천해 주지 않았고, 하물며 문학을 가르쳤던 대학교수들에게도 오스트리아를 대표하는 작가 슈테판 츠바이크를 들어 본 적이 없었다. 20세기 유럽에서 요한 슈트라우스와 프로이트만큼이나 인정을 받고 예술관을 승화시켰다. 세계 지성이라 일컬을 만한 정신세계를 일구어 나가며 '세계에서 가장 많이 번역 소개된 작가'였다는 것을. 그밖에 세계 거장 발자크, 디킨스, 도스토옙스키, 니체, 톨스토이 등 평전을 남겼다. 그의 문학적 업적에 경탄했다.

내 인생 책 『토지』를 꼽고, 그 책으로 인해 문학의 가치와 깊이를 체득하여 나의 삶에 투영하며 정신적으로 중대한 영향을 받았다고 할 수 있다. 그랬던 나는 츠바이크의 『마리 앙투아네트』(1932)를 3번이나 완독할 만큼 몰두하게 되었고 츠바이크의 문체에 홀려 버리고 말았다. 그로 인해 고전의 힘을 재인식하며 츠바이크의 세계에 능동적인 안목을 넓혀 가려고 애쓰고 있다.

츠바이크는 18년간(1916-1934) 잘츠부르크에 살았다. 유태인이었던 그는 나치가 자신의 책을 금서로 지정하고 압박해오자 그 광기를 피해 집을 떠나 피신한 뒤, 끝내 돌아오지 못했다. 그는 살아남은 자의 죄책감에 시달리며 "자유로운 의지와 명료한 정신 상태로" 자살한다는 유서를 남기고 아내 로테와 함께 망명지이던 브라질에서 60세의 인생을 마감했다. 브라질 당국은 국장으로 예우를 갖춰 페트로폴리스 묘지에 안장했다. 당시 문학계 거장으로 남미에서도 인정받았다는 것에 놀라운 일이다. 독자로서 그토록 자기 세계가 굳건한 사람이 극단적인 선택을 했다는 점에 심약한 사람이었던가? 하는 의구심이 생겼다. 그런데 『어

제의 세계』를 읽게 되면서 히틀러에 의해 문학적 존재로서 인간 존엄성을 말살 당하는 운명에 쳐 있었던 심정을 이해하게 되었다. 나치의 만행에 대해 아우슈비츠를 탐방한 독자로서 얼마나 심각한 현실이었는지 절감하며 처절했던 지식인의 고뇌를 헤아릴 수 있었고 가슴이 찡했다.

> 망명이라는 것은 이유가 무엇이든 그 자체가 이미 불가피하게 평형 상태를 흐트러뜨리는 것이다. 사람은 자신의 대지를 딛고 살지 않으면 꼿꼿한 태도를 잃게 되며 또한 불안해지고 자신감이 없어지게 된다.
>
> p. 527

> 나는 반세기에 걸쳐 나의 심장을 코즈모폴리턴으로, '세계시민'으로 고동치도록 길들였건만 아무 소용이 없었다.
> 내가 여권을 상실한 날, 58세의 나이로 나는 고향을 잃는다는 것은 경계선을 만들어 놓은 한 줌의 땅을 잃어버린다는 것 이상을 의미한다는 걸 발견했던 것이다.

그는 자기 나라를 떠나 런던, 미국을 거쳐 1941년 브라질에 정착하여 끝내 우울증을 겪으면서 1942년 독일 잠수함의 공격으로 브라질 배가 침몰하고 있다는 뉴스에 큰 충격을 받고 지난 1차 대전의 그림자가 드리워 있음을 보았다. 움직이지 않는 그림자가 밤낮으로 그의 생각 위에서 떠나지 않았다는 것에. 절망적인 그의 심정에 울컥해졌다. 그가 18년간 살았던 집은 현재 세계 예술의 도시인 잘츠부르크 〈츠바이크 센터〉로 그의 정신과 미학적 유산을 지키고 관리하는 장소가 되었다. 좀 더 일찍이 책 『어제의 세계』를 읽었더라면 잘츠부르크를 제대로 체험하고 의미 있는 여행이 될 수 있었을 텐데 하는 아쉬운 골이 명확하게 패였다. 나의 여행기는 늘 이렇게 느슨했다. 그는 망명의 막다른 골목에서 그의 과거의 저작물이나

참고물도 없는 곳에서 세기적인 증언이자 유작 『어제의 세계』를 남겼다. 슈테판 츠바이크의 재등장은 독일의 재통일(1990년) 후 프랑스에서 출판된 이 책이 베스트셀러로 화제를 모으게 되었다.

1933년 5월 베를린에서 벌어진 나치의 분서 장면

히틀러로 인해 유대인 책이 분서 되다

츠바이크의 작품 경로에 다시 한번 놀랐다. 20세에 시집 『은빛 현』을 발표하고 바로 왕성한 활동을 한 것은 아니다. 6년의 시간이 흐른 후에야 두 번째 시집을 출판했다. 그리고 3~4년 후 비로소 최초의 산문 작품을 드러냈다. 첫 시집을 발간한 것에 대해 스스로 미숙했다고 여겼다. 그 계기는 베를린에서 대학원 공부를 하던 시기에 다양한 사람들을 접하면서 문학에 대한 자신의 실력에 갈증을 느꼈다. 그래서 심도 있게 넓혀갔던 것이다. 이전에 자신이 가지고 있었던 작품 범위를 벗어나 새롭게 눈을 뜨게 되면서 베를린에 가지고 갔던 장편 소설을 스스로 불태웠다. 부끄러웠다는 것이다. 또한 더 창조적으로 파악하기 위해 세계 저명한 문학의 작품들을 번역하면서 자신만의 작품 세계를 구축했던 것이다. 다른 문화권을 여행함으로써 작품세계의 커다란 전환기를 맞곤 했다. 그의 여행은 다양한 공간에서 유럽 거장들과 역사에 대해 대화하며 자신의 예술세계를 한 단계 더 심화해 갔다.

그는 타고난 기질과 선택 받은 환경에서 자란 소위 금수저 출신이었다. 엘리트로서 투철한 모험심과 호기심으로 발동한 창조적인 열정으로 낳은 작품을 알게 되어 내겐 행운이라 여겨진다. 그의 어떤 책이든지 읽게 된다면 문학의 진수를 전율 없이는 읽을 수 없을 것이다. 이처럼 흡인력이 강한 작품을 접하게 되어 행복한 센세이션이었다. 오스트리아에서 내로라하는 문학인으로서 평생 자신이 겪은 시대적 상황과 정신

세계를 『어제의 오늘』에 담았다. 개인의 회고록 이상 폭넓은 시야와 고도의 호기심을 불어넣어 주었다. 나의 문학적 견해를 이토록 뒤흔들어 놓고, 내 생애를 통해 비길 데 없는 문학적 기운을 받게 되어 경외심이 마구 생겼다.

「책」 얼마나 완독하는가?

'호킹 지수'(HI·Hawking Index)라는 말이 있다. 세계적 우주물리학자인 스티븐 호킹의 이름을 딴 것이다. 책을 구입한 독자가 책을 실제로 읽은 양의 비율을 나타내는 지수다. 결론은 완독을 했는지 따져보는 수치이다. 많은 사람들이 책을 구입했지만, 몇 장 읽다가 팽개친 책이 많다. 호킹 지수의 결과를 보면 호킹 박사의 저서 『시간과 역사』는 세계적으로 천만 부 이상이 판매되었다. 그러나 책의 호킹 지수는 6.6에 불과했다. 100페이지 중 6.6페이지를 읽은 셈이다.

나 역시 나의 책장에 읽다 만 책들이 제법 꽂혀 있다. 베스트셀러라서 구입 했는데 막상 책을 펼쳐보니 내 취향이 아니라서 읽다가 만 책, 어떤 책은 뭔가 지적 냄새에 허세의 도구로 산 책, 제목과 작가에 쏠려 샀던 책, 어떤 책은 너무 난해해서 몇 장 읽지 못한 책, 너무 두꺼워서 지레 질려 제목조차 낯설어진 책, 이런저런 핑곗거리로 장식용 같은 책들이 먼지가 덮인 채 꽂혀 있었다.

저자의 책장

그렇게 해서 일 년에 한 번 정도 책을 정리(솎아낸다는 표현이 적절)하는 편인데 정돈 되지 않은 책들이 책꽂이를 점령하고 있다. 그랬던 나의 서재에서 공허함을 달래기 위해 이리 기웃 저기 기웃하던 참에 읽다 만 책들이 틈새마다 끼어 있다. 그랬던 책들 중 어떤 것은 마치 오래된 친구가 묵묵히 나를 기다려 준 거처럼 살갑게 다시 마주할 때가 있다.

나이가 서쪽 하늘에 걸려있는 내게, 나의 아집과 잘못된 편견에 대해서 누구도 쉬이 충고 따위 하지 않는다. 물론 옆에 그런 사람이 있다 한들 그 지적을 고맙게 받아들일 수 있는 소견이 있는 것도 아니다. 결국 자신은 본인이 다

솎아 낸 책들

듬고 다스려야 한다. 하지만 내가 가지고 있는 소양으론 늘 부족하고 결점투성이다. 이렇게 온전치 못한 나에게 따끔한 일침을 가했을 때 감정의 요동 없이 나를 돌아 볼 수 있게 하는 것이 책이다. 그래서 신보다 책을 더 가까이 끼는 편이다. 책 안에는 선인들의 가치관이 나를 확실하게 움직이게 한다.

때론 삶이 느슨해져 있을 때 다시 다잡아 주고 실의에 빠져 있었던 시기에 기운을 북돋아 주었던 것도 책이었다. 아무리 나를 채찍질 한들 기분 상하지 않게 하는 것이 책이라 신념이 굳어졌다. 더 명확하게 밝히자면 책 속 깊숙이 숨겨져 있는 금광 같은 값진 보물을 캐내는 재미를 안다. 간간이 금광을 캐기 위해 여명이 밝아오는 새벽쯤 책이 펼친 채 잠이 들었던 날들이 아깝지 않다. 책은 내 영혼의 동반자이기도 하다. 책과 영혼을 채워가는 보약 같은 시간을 아끼지 않으려 한다.

「토지」 박경리
: 내겐 인생 책이 있다.

『토지』 왜 그토록 나를 사로잡았는가?

대하소설 『토지』는 우리에게 익숙하지만 완독하기엔 쉽지 않았다. 그러나 빠져들면 헤어나기 싫지 않다. 이야기는 방대하다. 1897년부터 1945년 광복을 맞기까지 대지주 최 씨 집안 4대에 걸친 비극적 이야기이다. 또한 한국의 역사와 600여 명에 달하는 등장인물로 원고지 4만여 장이 넘는 분량으로 장장 20권이나 된다. 그러니까 드라마 속에 "찢어 죽이고 말려 죽일 테야"라는 그 유명은 대사로 각인된 서희가 다섯 살부터 그녀의 손자 대까지 반세기를 이어갔던 대하소설이다.

처음 접했던 『토지』, 1986년

박경리 작가는 『토지』를 1967년도 『현대문학』에 연재하기 시작해 1994년 8월 『문화일보』에서 연재를 끝냈다. 26년의 기나긴, 그야말로 대장정이었다. 연재되는 동안 한 달, 길게는 이삼 년씩 비워진 시간들도 있었지만 그 집념에, 참으로 놀랍고 경외하다. 『토지』 초판 발행이 1979년 11월경이었고 그 후 8판 발행권으로 내가 처음 이 소설을 읽었을 때가 이십 대였다. (1986) 물론 당시 책 분량은 6권으로 미완성이었다.

그 무렵 소설 속에 "산다는 거는 참 숨이 막히제?"라는 대사의 깊은 의미를 어찌 헤아릴 수 있을까마는 그저 독서 리스트에 달성했다는 것에 그쳤다. 허나 뿌듯한 성취감으로 이 소설로 인해 나의 문학 모토를 잡아 것은 분명하다. 당시 세로 활자로 출판 된 책인데 책의 가치를 더

해 가고 있다.

　책도 시대 변천에 따라 디자인이 바뀌어 출판되어 다시 결코 무겁지 않게 가볍지 않게 독자 앞으로 당당하게 행진하고 있다. 그 후 박경리 작가는 2008년에 별세했다. 우리나라 문학계에 큰 별이 떨어져 심히 애도하는 마음이 깊었다. 그런 계기로 자력에 끌리 듯 다시 『토지』를 읽게 되었다. 장서(20권) 앞에 겁도 났고 완독까지 까마득하게 느껴졌다. 그랬던 『토지』는 생각과 다르게 여태까지 느껴보지 못한 문학의 진면목이 보이기 시작했다. 온통 책에 지배된 채 격동 치는 인간 군상에 얽혀 어느 하나도 허투루 넘어갈 수 없게 심장을 쥐락펴락 했다. 『토지』는 인간으로 가질 수 있는 모든 감정 희노애락애오욕(喜怒哀樂愛惡欲) 그 에다가 덧붙여 사(思)·경(驚)·공(恐) 이 녹아있다. 그리고 저마다 빼놓을 수 없는 한(恨)이 애절하게 서려 있다. 아울러 존재하는 인간 삶을 객관적으로 어쩜 그렇게 생생하게 드러낼 수 있었는지....... . 내적 갈등을 속속들이 묘사해 낼 때는 마침 그 등장인물과 마주 보고 있는 듯한 전율이 일었다. 작가는 침거하다시피 하여 깊은 고뇌에 찬 사유들을 그려냈다. 오롯이 본인의 고독과 침묵에서 박절한 그녀만의 한(恨)으로 명작을 만들어냈다.

　순수 소설의 범주를 넘어서 인간 철학을 다루고 있는 방대한 스케일로 그야말로 묵직한 고전의 힘을 유감없이 보여준다. 소설에서 인간사를 집대성하고 있지만 인생사 정답은 찾지 못했다. 하지만 앞으로 내가 걸어가는 길을 어떻게 걸어야 하는지 좌표를 제시 했다.

　『토지』는 픽션이지만 소설의 모티브가 된 배경이 있었다. 박경리 작가는 어린 시절 거제도 외할머니가 들려준 이야기의 화두를 글로 옮겼다. 그 마을 전답이 너무 많아서 말을 타고 다닐 정도로 끝도 없는 넓은 땅을 가진 집안이 있었다. 1902년 호열자가 창궐하여 가족이 여자 아이 한 명만 남겨 두고 몰살했었다. 논에는 벼가 누렇게 익었는데 벼를 베고 추수할 사람은 이미 죽고 벼들은 잿빛으로 부서져 시체처럼

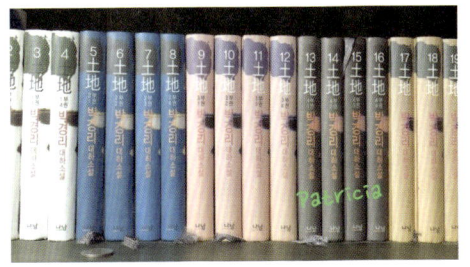

영혼을 지배했던 『토지』

논바닥에 스러져 썩어갔다. 이 이야기를 박경리 작가는 마음속에 20년을 담아 두었다가 예리한 촉수로 명품인 『토지』를 탄생 시켰다. 작가는 "원초적인 불안에 예민한 사람"이라고 했다. 그 예민한 감각으로, 삶이 온전치 못해 한(恨)을 가지고 삶을 찾아가는 사람들, 저마다의 길을, 저마다의 걸음으로 걸어간다는 것을 보여주었다. 내게도 한(恨)이 있다. 그 한(恨)을 풀기 위해 부단히 노력했다. 여전히 온전치 못한 내 삶, 버텨내야 하는 당위론적 운명으로 여기고 『토지』가 내포하는 삶의 원천을 껴안고 덤덤하게 여정을 메워간다.

　독자로서 『토지』의 주요 무대가 된 평사리 최참판댁과 하동 문학관을 여러 번 갔었다. 박경리 작가 고향인 통영 전시관 위에 고인이 안치되어 있기도 하다. 대하 소설의 대가인 묘는 단출하다. 묘 앞에 참배를 올리며 숙연해졌다. 그분 인생 철학을 고스란히 대변하는 것 같았다. 좌판 하나로 말끔한 묘지다. 위대한 사람의 정신은 뒷모습까지 확고했다. 러시아의 거장 톨스토이 묘는 분봉도 없고 비문도 없이 나무 한 그루가 있었는데 이제는 묘 조차 찾기 어렵다. 범부는 삼십 대부터 나의 자녀들에게 "내가 죽으면 흔적도 없이 뿌려 주라."며 쐐기가 박히게 되뇄다.

| 부 록 |

인용구 출처

신성림 엮음 『반 고흐의 편지』 예담

주명철 『오늘 만나는 프랑스 혁명』 소나무

박소영 『랜선 인문학 기행』 한거레출판

곽복록 옮김 『어제의 세계』 컴북스닷컴

안도현 『백석평전』 다산책방

프랭클빈 보 머 『유럽 근현대 지성사』 현대지성사

장 폴 리히터 편집 『레오나르도 다 빈치 노트북』 루비박스

김병종 『화첩기행』 호형출판

박광자. 전영미 옮김 『베르사유의 장미 마리 앙투아네트』 청미래

문갑식 『산책자의 인문학』 다산북스

NAVER. COM. 나무위키

내 청춘 모드는 아직 지속 중

지 은 이 강명성
발 행 일 2023년 8월 21일

펴 낸 곳 도서출판 거북골
          부산시 부산진구 부전로 5-1
전자우편 geobook80@hanmail.net
홈페이지 http://designgbg.co.kr
전   화 051) 808-5571   팩   스 051) 809-5571
출판등록 1996. 9. 4 제329-1996-3호
인 쇄 처 거북인쇄공사

ISBN 979-11-91208-44-3

* 저작권법에 의해 보호를 받는 저작물이므로 저자와 출판사의 동의 없이 내용의 일부를 인용하거나 발췌하는 것을 금합니다.